La justice transitionnelle en RDC

Godefroid MWAMBA MATANZI

LA JUSTICE TRANSITIONNELLE EN RDC

Quelle place pour la commission vérité et réconciliation ?

L'Harmattan

5-7, rue de l'École-Polytechnique ; 75005 Paris
http://www.harmattan.fr
diffusion.harmattan@wanadoo.fr
ISBN : 978-2-343-09478-6
EAN : 9782343094786

A ma mère chérie,
Laurentine MAHANGA KIWONDO.

REMERCIEMENTS

Au terme d'un travail comme celui-ci, il me semble qu'il est souhaitable que son auteur apprenne à dire : notre travail, notre commentaire, notre histoire, notre livre, car peu de son contenu lui appartient en propre ; au contraire, il doit aux autres les meilleurs de ses idées. Et, s'il doit aux autres les meilleures de ses connaissances spéculatives, il leurs doit également les meilleures de ses connaissances pratiques.

Dès lors, s'il reste vrai que le présent ouvrage est sorti de notre plume, je ne saurai cependant revendiquer à mon seul compte les droits d'auteur y attachés sans que n'y soient remerciés, d'abord et avant tout, l'Eternel Notre Dieu selon qu'il est écrit : ''si l'Eternel ne bâtit pas la maison, c'est en vain que le maçon se donne du mal...[1]'' et, certaines personnalités qui auront mis de leur dès sa conception à sa finition.

Je pense très spécialement à mes ainés dans la science, les Professeurs Oscar NSAMAN - O- LUTU, Jean Pierre LOBHO LWADJUGDJUGU et Jean ABEMBA BULAIMU. Leurs pertinents conseils, observations, critiques et remarques ont été très déterminants pour l'aboutissement de cet ouvrage. Qu'ils daignent lire, à travers ces lignes, l'expression de ma profonde gratitude.

Merci aussi à ma tendre épouse, Isabelle MUNZE NKUME et à nos enfants bien aimés, Gois-Ivod, Goëlle-Stèle, Gog-Evrard et Gosline-Laurène MWAMBA pour tout le soutien et tant des sacrifices qu'ils ont consentis pour notre avenir et notre devenir commun assurés par cette réalisation.

Que tous les héros dans l'ombre dont la pierre a servi à cet édifice se reconnaissent avec une empreinte particulière de gratitude selon leur apport respectif. Aux uns et aux autres, nous disons Grand Merci.

MWAMBA MATANZI Godefroid

[1] Psaumes 127 : 1 – 2 in ***Sainte Bible***, Version français courant, Alliance biblique universelle, 1998, p.731.

LISTE DES ABREVIATIONS ET SIGLES

- AFDL : Alliance des Forces Démocratiques pour la Libération du Congo
- CEI : Commission Electorale Indépendante
- CNS : Conférence Nationale Souveraine
- COE : Conseil Œcuménique des Eglises
- C.V.R. : Commission Vérité et Réconciliation
- CSJ : Cour Suprême de Justice
- DC : Démocratie Chrétienne
- ECC : Eglise du Christ au Congo
- EED : Evangelischer Entwickngt Dienst
- EIC : Etat Indépendant du Congo
- EISA : Promoting Credible elections and Democratic Gouvernance in Africa
- FONUS : Forces Novatrices pour l'Union et la Solidarité
- FPR : Front Patriotique Rwandais
- HAM : Haute Autorité des Médias
- HCDH : Haut-Commissariat aux Droits de l'Homme
- ICJT : International Centre for Transitional Justice
- IER : Instance Equité et Réconciliation
- J-C : Jésus-Christ
- MLC : Mouvement pour la Libération du Congo
- MPR : Mouvement Populaire de la Révolution
- NCA : Norwegian Church Aid
- ONG : Organisation Non Gouvernementale
- PNUD : Programme des Nations Unies pour le Développement
- RCD : Rassemblement Congolais pour la Démocratie
- RDC/KML : Rassemblement Congolais pour la Démocratie/Kisangani /Mouvement de Libération

- RDC/N	: Rassemblement Congolais pour la Démocratie/National
- RFI	: Radio France Internationale
- R I	: Règlement d'Ordre Intérieur
- TPIR	: Tribunal Pénal International pour le Rwanda
- UDPS	: Union pour la Démocratie et le Progrès Social
- URSS	: Union des Républiques Socialistes Soviétiques

LISTE DES TABLEAUX

LISTE DES FIGURES ET PHOTOGRAPHIES

Graphiques

INTRODUCTION GENERALE

La justice transitionnelle est sans juges ni tribunaux ; mais grâce à elle, les sociétés démocratiques apprennent à affronter la part sombre de leur histoire. Ses objectifs ultimes consistent à faire la vérité sur les sales guerres menées par les princes contre leur population pour se donner une chance de reconstruire une société plus juste et plus équitable. C'est là une fonction morale et historique qui n'utilise pas les instruments traditionnels de la justice, mais favorise son œuvre.

La RD Congo post-conflit en use au cours de sa transition politique issue de l'Accord Global et Inclusif de Sun City. L'idée de mettre en place une Commission Vérité Réconciliation procédait de la nature particulièrement délicate de la gestion de l'après-guerre en R.D. Congo en termes de paix. Cette gestion obligeait à regarder, en les repensant, les expériences des autres peuples, en même temps qu'elle exigeait des autorités de la transition un réel sens de justice et surtout une vraie capacité de panser toutes sortes de blessures et de plaies dues aux affres d'un tel contexte([2]).

En effet, après l'ouverture de la R.D. Congo alors Zaïre au processus de démocratisation, marquant théoriquement la fin de la dictature de Mobutu, le pays s'est enlisé très vite dans des crises. D'abord, cette impasse créée par le régime de la transition (sous Mobutu), précisément les reports répétés des élections qu'elle attendait de pied ferme pour changer une classe politique qui s'était montrée incapable de transcender ses divisions de positionnement et d'améliorer son bien-être, la

---

[2] Philippe Biyoya Makutu, « Expériences africaines du recours à la Commission Vérité et réconciliation. Leçon à tirer pour la République Démocratique du Congo » in ***Actes du Séminaire interinstitutionnelles*** organisé à Kinshasa (République Démocratique du Congo) du 26 au 28 avril 2004 ; pp 183 - 188.

population déçue appela de tous ses vœux l'arrivée de Laurent Désiré Kabila aux affaires"([3]).

LD Kabila est arrivé à Kinshasa avec une suite faite des Congolais, des "Banyamulenge", certes, mais aussi des ténors, surtout militaires, rwandais, ougandais, burundais, etc. qui se distingueront dans les violations massives des droits de l'homme et qui, lorsqu'en juillet 1998, sont sommés de rebrousser chemin, déclenchent une nouvelle guerre dite du 02 août 1998. La lune de miel entre Kabila, Museveni et Kagame n'aura été que de courte durée. Tout juste 442 jours[4].

Justement, le 02 août 1998, comme une tâche d'huile, un nouveau conflit a embrasé le Congo. De l'agression à la rébellion et vice versa, le chemin est le plus court. En un temps record, Kinshasa, Kitona, Banana, Matadi, Goma, Bukavu, Kisangani, Gbadolite, etc. ont été mis à sang et à feu. Des têtes des pseudos-rébellions naissent aux frontières Est du pays à longueur des journées et personne ne saurait imaginer exactement ce que deviendrait la RDC sans le soutien des troupes de la SADC (Zimbabwe, Namibie et Angola).

C'est alors que s'ouvre une issue diplomatique de résolution du conflit, à savoir, le dialogue entre les Etats, mais surtout entre Congolais, en vue de vider tout prétexte à l'évasion étrangère. Cette issue fut l'œuvre du mémorable Accord de cessez-le-feu qui a été conclu à Lusaka, le 10 juillet 1999 entre les belligérants (Kinshasa, Ruanda et Ouganda) et, le 30 et 31 juillet 1999 entre les Congolais opposés les uns aux autres (MLC suivi du Rassemblement Congolais pour la Démocratie (RCD)). Lusaka, Windoeck, Victoria Falls, Ile Maurice, Syrte, Abuja, Genève, Bruxelles, auront constitué le parcours tortueux, difficile mais prometteur, qu'auront emprunté les négociations inter-Congolaises avant d'aboutir, en Afrique du Sud, entre Pretoria et Sun City, à la conclusion d'un autre accord dit global et inclusif signé le 17 décembre 2002.

---

[3] J.P. Lobho Lwa Djugudjugu, ***Le Congo à l'épreuve de la démocratie. Essai d'histoire politique,*** P.U.K., Kinshasa, 2006, p.201.

[4] J.P. Lobho Lwa Djugudjugu, ***Op. Cit.***, p. 255.

Commencées avec LD Kabila, les négociations congolaises se poursuivront avec son fils, le Général-Major Joseph Kabila, qui lui a succédé après son assassinat le 17 janvier 2000. L'on dit que la ''politique d'ouverture'' adoptée par ce dernier a facilité le dénouement positif de ces négociations par, notamment, l'institutionnalisation du Dialogue inter-Congolais qui engendra l'Accord Global et Inclusif, tous les Congolais présents à Sun City l'ayant adopté et signé.

Dès lors, l'Accord Global et Inclusif devint le viatique de la paix et de la réconciliation en RD Congo. Il prévoit, dans sa résolution n° DIC/CPR/04, la création des cinq institutions citoyennes ou d'appui à la démocratie dont la C.V.R. chargée de ''promouvoir la paix, la justice, le pardon, la réparation et la réconciliation en vue de consolider l'unité nationale''([5]) ; c'est l'un des objectifs de la transition. La constitution de transition promulguée le 04 avril 2003 l'instituera aux termes de son article 154 avant que la loi n°04/018 du 30 juillet 2004 vienne fixer son organisation, son fonctionnement et ses attributions.

Initialement prévue pour deux ans, la C.V.R. bénéficiera d'une année supplémentaire comme toutes les autres institutions de la transition. Son rapport final rassure ''... qu'à l'instar des autres institutions d'appui à la démocratie, la C.V.R. fut instituée et débuta aussitôt ses travaux...''([6]).

Au bout de son action, trois ans de suite, l'image de la nation est restée inchangée : aucune vérité dégagée, aucune justice rendue, aucune réconciliation amorcée, aucune enquête réalisée effectivement, personne n'a reconnu quoi que ce soit, personne n'est pardonné ni amnistié car personne ne l'a sollicité, la guerre continue sans désemparer à diviser les communautés à l'Est du pays où, pourtant, la C.V.R. a concentré l'essentiel de ses missions. Pas de paix, même en

---

[5] Loi n°04/018 du 30 juillet 2004 in ***Journal Officiel de la République Démocratique du Congo,*** numéro spécial, Kinshasa, 1er août 2004, p. 26.

[6] Rapport final des activités. De juillet 2003 à février 2007., Kinshasa, Juillet 2007, p.3.

perspective, au contraire, on voit à l'horizon une nouvelle guerre en R.D. Congo.

Ainsi donc, l'objectif ultime de la création de la C.V.R. n'aurait pas été atteint. L'opinion, aussi bien nationale qu'internationale, certifie l'inefficacité de la C.V.R. en la qualifiant comme l'une des institutions budgétivores que la transition ait connue. Le Parlement de transition, son initiateur, l'a attesté par le rejet sans recours de la demande de reconduction au-delà de la transition introduit par la C.V.R. contrairement au sort réservé à la Commission Electorale Indépendante et à la Haute Autorité des Médias et ce, malgré la noblesse et la pertinence de sa mission qui, pourtant, se conçoit, de l'avis de plusieurs observateurs, comme préalable à la reconstruction du Congo[7].

Ngoma Binda l'atteste en notant que ''l'expérience congolaise de vérité et réconciliation sera, dans le monde, le modèle et la référence de base d'une commission qui aura complètement échoué ; elle n'a jamais travaillé correctement et, n'a guère donné les résultats attendus d'une telle institution''. Il relève singulièrement que ''jusqu'à la fin de son mandat, la C.V.R. a été largement une structure ignorée, inconnue de la majorité de la population, y compris la population lettrée. Et les quelques personnes qui en ont eu connaissance affirment radicalement ne point connaître le travail que la commission était en train de réaliser''[8]. Tout récemment, dans le Kivu nord et sud, Goma a approuvé et démontré la pertinence de cette opinion en organisant une conférence pour la paix et le développement.

---

[7] La large opinion nationale sur la CVR est partagé entre, d'une part, ceux qui l'on jamais entendu parlé (la majorité de la population congolaise) et d'autre part, ceux qui la connaissent mais affirme son échec. L'opinion internationale, quant elle, dit ne pas s'étonner de cet échec car elle était prévisible, opinion qu'on peut reconnaître avec Martien Schotsmans, ''La justice transitionnelle pendant la période de la transition politique en RDC'', in ***Afrique des Grands Lacs,*** S/D S. Marysse, F. Reyntjens et S. Vandeginste, Ed. L'Harmattan, Paris, 2006-2007, p. 209.

[8] P. Ngoma Binda, ***Op. Cit.*** pp.9, 49.

Contre cette opinion majoritaire, la Commission ne cache pas sa réserve en affirmant qu'en trois ans d'exercice, elle aurait réalisé un certain nombre d'activités rentrant dans le cadre de ses objectifs et qu'en conséquence, les objectifs lui assignés ont été atteints, totalement pour certains et partiellement pour d'autres[9]. P. Ngoma Binda qui pourtant a souligné l'échec total de la C.V.R., reconnaît tout de même que cette commission "a bel et bien eu à son actif un certain nombre des réalisations appréciables"[10].

De ce qui précède, il y a donc lieu de se poser la première question pertinente suivante : ***l'action de la C.V.R., trois ans de transition durant, s'est-elle soldée par un succès ou un échec au regard des missions lui assignées*** ? Pour s'en rendre compte, une deuxième interrogation s'impose : ***Quelles ont été ses réalisations ?*** Cette dernière interrogation permettra, à coup sûr, de réaliser si la C.V.R. s'est écartée des objectifs lui assignés pour s'en détourner et pourquoi. A ce stade, se pose le problème de gestion managériale relative à l'efficacité, à l'efficience et à la performance de cette commission. Enfin, cette double interrogation précédente induit une troisième : ***Quel peut être alors la contribution de l'expérience de la C.V.R. Congolaise dons la construction de la théorie sur la justice transitionnelle***.

L'échec de la C.V.R. s'il est confirmé, nous obligera vraisemblablement à proposer des remèdes pour pallier aux faiblesses qui l'ont générées car, sa nécessité et son opportunité ne sont plus à démontrer pour les pays post-conflit. Par conséquent, la mise sur pied d'un vrai Cadre institutionnel de justice transitionnelle en RD Congo nous semble incontournable si l'on peut espérer à une cohabitation nationale paisible.

En effet, dès la désignation des membres de son Bureau conformément aux prescrits de l'Accord Global et Inclusif([11]), à

---

[9] Ces affirmations apparaissent à la conclusion de Rapport final de la CVR, pp. 50 – 52.

[10] P. Ngoma Binda, ***Op. Cit***., p. 49.

[11] Lire article 9 de la Loi n°04/018 du 30 juillet 2004 qui dispose que la Commission Vérité et Réconciliation est composée de 21

l'instar des autres institutions, la C.V.R. s'est mise au travail avec ses difficultés de début qui n'étaient pas à exclure dont celle liée aux infrastructures ; A ce propos, on l'a vue commencer ses premières réunions sous une paillote du Centre d'accueil protestant dans la commune de la Gombe au mois de mai 2003 avant d'aller s'installer dans les locaux de l'ex-Mireco([12]).

Après s'être convenus du calendrier de ses travaux échelonnés en trois phases, à savoir, la phase préparatoire, la phase opérationnelle et la phase finale, les membres de la C.V.R. se résolurent à concrétiser leur action. Dès lors, des missions aussi bien à l'étranger qu'à l'intérieur du pays, particulièrement dans les zones troublées de l'Est, les séminaires et ateliers divers... ont émaillé le parcours de cette Commission. Sa loi organique et son Règlement d'ordre Intérieur furent obtenus tour à tour. Aussitôt, avec l'entérinement des 13 autres membres de la plénière en plus des huit premiers qui constituaient le bureau, toute l'équipe de la C.V.R. était au grand complet du moins pour Kinshasa et ce, conformément aux dispositions légales et réglementaires. Elle s'employa par la suite à organiser ses représentations provinciales et locales. Par moment des interviews, des campagnes de vulgarisation, quelques émissions radiotélévisées ont été entreprises ça et là pour le compte de la Commission.[13].

---

membres dont huit membres du Bureau. Le Président et les sept autres membres formant le Bureau sont désignés par les composantes et entités au Dialogue inter congolais conformément à la constitution de transition.

[12] La Commission Vérité et Réconciliation a établi son siège dans l'immeuble ex-Mireco dit de la reconstruction situé sur l'avenue colonel Ebeya au n°54, au 6ème et 7ème niveaux dans la commune de la Gombe à Kinshasa.

[13] Conférence de presse tenue par Mgr Jean-Luc Kuye Ndondo wa Mulemera, Président de la commission vérité et réconciliation lors de l'ouverture de la campagne officielle de vulgarisation de la Commission Vérité et Réconciliation et de sélection de 13 autres membres de la Plénière, le lundi 15 novembre 2004 dans la salle des réunions de la Commission Vérité et Réconciliation.

Le tout a été couronné par la présentation au Parlement d'un rapport final des activités après celui, intermédiaire, rédigé en janvier 2006. Logiquement, tout porte à croire qu'effectivement, la C.V.R. a abattu un travail important.

Et pourtant, toutes ces déclarations n'ont pas l'air de rassurer l'opinion tant nationale qu'internationale sur l'effectivité du travail de la commission. Pour cette opinion, en effet la C.V.R. est méconnue et elle n'a pas travaillé. Pour s'en convaincre, déjà en mars 2004 alors qu'on cheminait vers la fin de la transition, la Monuc a évalué la transition en général et l'action de la C.V.R. en particulier sur base d'une consultation organisée sur cette institution, à Kinshasa, du 25 au 28 février 2004, réunissant plus de 125 participants représentant les 11 provinces du pays. Ces assises rapportent notamment ce qui suit : Compte tenu du fait que les violations graves des droits de l'homme sont commises chaque jour et que la paix demeure fragile, de nombreux participants ont posé la question de l'opportunité de la commission. Dès lors, le vœu le plus ardent émis par nombreux d'entre eux était de voir cette institution être dirigée par des membres apolitiques et crédibles...[14].

Cette dialectique entre ce que croit faire la C.V.R. et la perception de l'opinion à son propos fonde justement la pertinence de notre angoisse existentielle, voire, notre intérêt à vouloir procéder à l'évaluation des activités de la C.V.R. pendant la transition et ainsi essayer de mesurer sa contribution à la théorie et la pratique de la justice transitionnelle. Cet écart affiché en guise d'hypothèse à notre problématique démontre justement que la **C.V.R. n'aurait pas atteint les principaux objectifs lui assignés aux termes de l'Accord Global et Inclusif, à savoir, la vérité, la réconciliation, la cohabitation pacifiques des peuples... Elle aurait plutôt axé très partiellement son action sur une mission supplémentaire lui reconnue par sa loi organique en son article 25, mission se rapportant à la médiation des conflits et à l'éducation à la culture de paix.**

---

[14] Quinzième Rapport du Secrétaire général de la MONUC distribué le 25 mars 2004 en son point II.49 relatif à la Commission Vérité et réconciliation.

Au total, cette Commission aurait été inefficace dans son action en raison, présumons-nous, de la "question des ressources" (le manque des ressources suffisantes en quantité et en qualité et leur mauvaise coordination) dont, essentiellement, la ressource des ressources,, c'est-à-dire, la ressource humaine.

En effet, il aurait manqué à la C.V.R., l'homme qu'il fallait à la place qu'il fallait, l'homme-orchestre, placé au-delà du contexte politique aussi bien national qu'international.

Par conséquent, **la contribution de la C.V.R. congolaise à la théorie de la justice transitionnelle aurait consisté uniquement dans la nécessité de prendre préalablement des dispositions conséquentes, notamment en matière des ressources, de sécurité et de volonté politique avant d'instituer une C.V.R. et d'espérer en tirer le résultat escompté. L'expérience congolaise serait de ce fait, qualifiée d'éclaireur, d'avertisseur ou de "leçon négative"**[15] pour des tentatives du genre à venir. Telle s'annonce l'hypothèse de départ de cette étude, hypothèse qui sera vérifiée à la lumière de l'approche méthodologique étayée ci-dessous.

Au-delà de cette première apparence, la C.V.R. congolaise pourrait servir de modèle parmi les modèles à proposer à d'autres Etats post-conflits en Afrique, comme le Mali, la République centre-africaine, le Burundi, etc. elle reste étroitement liée à la réalité de la construction congolaise comme Etat de droit et à la recherche de la survie de la RDC.

Son origine et sa cohérence sont à rechercher dans celles des autres pays qui ont précédé le nôtre dans ce genre de situation, encore que la RDC a été secoué par des conflits dès sa naissance et des premiers pas de son indépendance.

La C.V.R. congolaise nous parait une forme particulièrement bien élaborée et une réponse idoine à la période de l'histoire qu'elle a traversée et vécue. Elle est conforme aussi au discours politique et à la conscience de ceux qui l'ont mise sur pied. Elle a eu à faire à des groupes et à une élite politique qui reste confinés dans les limites de leurs ambitions.

---

[15] Expression empruntée de P. Ngoma Binda, ***Op. Cit.***, p. 44.

Que ces groupes et ces élites aient évolué, les uns au sein des composantes, les autres au sein des entités, cela n'enlève rien ou pas grand-chose à tous ceux qui ont élaboré la structure de la C.V.R. congolaise certes mais, qui n'ont jamais fait preuve de compassion pour le peuple congolais au nom duquel ils sont restés loyaux au pouvoir de Kinshasa, ou ils ont pris les armes pour s'emparer du pouvoir.

Naturellement, tout problème politique trouve toujours une solution technique comme celle que la C.V.R. aurait pu proposer au peuple congolais. Mais en RDC, les solutions techniques n'ont aucune incidence sur le politique. Car s'engager en politique signifie en RDC, se remplir les poches, peu importe le peuple.

Chapitre Premier

LA C.V.R., CADRE ORGANIQUE DE LA JUSTICE TRANSITIONNELLE EN RDC

En décrétant la mise en place d'une Commission Vérité Réconciliation, il n'y a plus aucun doute que les participants au Dialogue Inter-Congolais, à travers l'Accord Global et Inclusif signé à Pretoria, le 17 décembre 2002, ont souhaité instituer la justice transitionnelle en R.D. Congo. Sur le plan juridique essentiellement, des dispositions y relatives furent arrêtées aussi bien dans la constitution de la Transition en son article 154 que dans la loi organique de cette Commission conformément à l'Accord Global et Inclusif sus-évoqué à travers particulièrement sa résolution n°DIC/CPR/04.

Dans les faits, cette Institution dite citoyenne ou d'appui à la démocratie fut concrètement installée en dépit des difficultés du départ. Elle prit de l'envol en se dotant des structures fonctionnelles avant de se lancer dans les actions de terrain dans l'un ou l'autre coin du pays, voire à l'étranger.

Cette seconde partie de l'étude s'attèle à scruter les diverses actions posées par la C.V.R. en vue d'en tirer sa contribution à la théorie de la justice transitionnelle entendue comme l'une des stratégies susceptibles de conduire la R.D. Congo post-conflit à une réconciliation nationale gage d'une cohabitation pacifique.

Il est question de se fixer dans un premier round sur les généralités, à savoir, le cadre juridique, l'implantation géographique, les missions et le plan de paix, l'organisation et le Fonctionnement de cette Commission.

1. Généralités

Dès l'aube de son indépendance jusqu'à la guerre du 02 août 1998, la R.D. Congo est marquée par des rebellions et sécessions occasionnant les atrocités de tous genres et des violations massives des droits humains. Les victimes se comptent par milliers, sans que les coupables n'en soient inquiétés, sans qu'on n'ait, ne fut ce que la possibilité d'en connaître la vérité et qu'aucun préjudice ne soit réparé.

Si les rébellions et les sécessions précédentes ont totalisé environs 500.000 morts, la dernière guerre du 02 août 1998 a fait, tout compte fait, un peu plus de trois millions, sans parler des dégâts matériels importants dont le pillage systématique des ressources naturelles. Le peuple congolais a ainsi pris la mesure de ces dégâts humains et matériels, de l'inanité, de la vanité et de la nocuité des hostilités qui ont opposé les citoyens d'une même nation.

C'est ainsi que, ayant tiré les leçons qui s'imposent notamment à la Conférence Nationale Souveraine, le peuple congolais réunis au Dialogue inter Congolais, a, cette fois-là, négocié et signé, le 17 décembre 2002, à Pretoria en République Sud-Africaine, un accord dit global et inclusif devant lui permettre de faire la lumière sur tous les abus des droits de l'homme connues afin d'ouvrir les perspectives d'un Etat de droit à construire.

Par la résolution n° DCI/CPR/04 de cet Accord, les Congolais réunis à ces assises se sont convenus de créer une institution qui devait porter la lourde mission de relire l'atroce histoire du pays et d'en déterminer les responsabilités en vue d'une véritable et paisible réconciliation nationale. Ainsi naquit la C.V.R., l'une des Institutions transitoires d'appui à la démocratie autrement qualifiée d'institution citoyenne.

Aux termes dudit Accord, cette C.V.R. reçut la mission de rétablir la vérité et de promouvoir la paix, la justice, la réparation, le pardon et la réconciliation, en vue de consolider l'unité nationale, c'est-à-dire, la mission de faire et dire la justice transitionnelle.

En effet, quoi de plus normal et logique, pour un Etat post-conflit, que de considérer la réconciliation nationale comme un facteur déterminant pour la paix et la concorde entre ses habitants. Il sied dès lors que les personnes, les familles, les groupes de personnes, l'Etat Congolais et la nation congolaise tout entière, victimes et/ou auteurs de crimes et violations des droits humains connaissent et se disent la vérité et en obtiennent réparation selon le cas. Cette phase de la quête de la vérité s'impose ipso facto comme l'une des conditions majeures pour la création d'un climat harmonieux et confiant dans lequel la réconciliation et la paix prospéreront.

Cependant, le travail de la C.V.R. ne peut se réduire en un exercice d'incitation à la vengeance contre les auteurs des crimes qui doivent coûte que coûte subir la rigueur de la loi mais plutôt une application focalisée sur les conséquences de ces violations ; cette tâche doit s'exercer à charge et à décharge aussi bien des victimes que des auteurs. Ainsi, la connaissance des faits, la reconnaissance de ceux-ci par les auteurs, la demande et l'acceptation du pardon et éventuellement de l'amnistie, et une ferme résolution dans leur chef de ne plus jamais recommencer ces actes de barbarie, ainsi que le rétablissement de la dignité et des droits des victimes conduiront, à coup sûr, à la paix durable et véritable.

1.1. Cadre juridique

La C.V.R. est l'émanation du dialogue inter-Congolais dans son souci de vouloir réconcilier les légalistes et les rebelles éparpillés dans divers mouvements politico-militaires, les uns et les autres s'étant distingués dans les violations des droits des personnes qu'ils sont censé gouverner après l'accord. Il a fallu donc des garanties juridiques suffisantes pour prétendre jouir de la confiance mutuelle des frères-ennemis.

Au total, quatre actes juridiques ont institué et organisé la C.V.R. en R.D. Congo. Il s'agit notamment de :

1. l'Accord Global et Inclusif sur la Transition en R.D. Congo, signé à Pretoria, en République Sud-africaine,

en date du 17 Décembre 2002, spécialement en ses point III, alinéa 8, et V traitant respectivement des principes de la transition, et des Institutions de la transition et en son point IV, alinéas b et c traitant de l'organisation, du fonctionnement et des pouvoirs des Institutions d'appui à la démocratie ;

2. la Résolution N° Dialogue inter-Congolais/CPR/04 ;
3. la Constitution de la Transition promulguée le 4 avril 2003, spécialement en ses articles 154 à 160 ;
4. la Loi n°04/018 du 30 juillet 2004 portant organisation, attributions et fonctionnement de la C.V.R., spécialement en ses articles 16 et 57 et ;
5. le Règlement Intérieur de cette institution dite d'appui à la démocratie adopté le 19 mars 2005 et qui n'a été jugé constitutionnel que quelques mois avant la fin de la transition.

En effet, lorsqu'il s'agit de qualifier les quatre institutions ne figurant pas dans la nomenclature ordinaire, classique et traditionnelle des institutions d'un Etat au sens moderne, l'expression usitée par le Dialogue Inter-Congolais est celle de ''institution d'appui à la démocratie'' ou ''institution citoyenne''.

Partant, l'usage du qualificatif ''appui à la démocratie'' démontre le caractère exceptionnel que renferment ces structures instituées en vue d'aider l'ordre institutionnel traditionnel à atterrir en douceur dans un nouvel ordre politique voulu démocratique. Son caractère citoyen est fonction du fait que ces institutions intéressent au plus haut chef notamment au niveau de ses animateurs la composante société civile – forces vives à la différence des institutions tenues par la classe politique. Les institutions citoyennes sont ainsi instituées pour permettre aux citoyens d'avoir des cadres d'expression et de participation politique susceptibles d'aider à l'éclosion de la démocratie et de l'Etat de droit dans le pays cadres dans lesquels le pouvoir a été confisqué par les conflits ou l'autocratie.

Et si c'est cela que veut dire « institution citoyenne », il y a donc lieu de constater avec satisfaction, l'incapacité des institutions traditionnelles de l'Etat à assurer, elles seules, la démocratie et l'Etat de droit dans un pays, essentiellement post-conflit en même temps qu'il faut se demander si dans cette mission, ces dernières sont châtiées par les contraintes temporelles auxquelles sont soumises les institutions citoyennes ? Car, au-delà des considérations de pure technique juridique exprimant une certaine conception de l'homme et de la société, la démocratie est une ***valeur*** intimement liée à la notion de citoyenneté fondée sur l'intégration sociale qui s'opère dans le temps[16]. Cette inquiétude aux apparences banales est plutôt pleine de sens.

En effet, là où il existe un législatif pour réguler la société par notamment le vote des lois, l'investiture du gouvernement et l'accréditation de ses programmes, le contrôle de son action y compris la mise en efficience de la sagesse du Sénat; là où l'Exécutif trône en maître pour matérialiser la vie publique, et là où le droit est dit au moyen d'un appareil judiciaire suffisamment rodé ; pourquoi recourir à des institutions d'appui à la démocratie... ?

Il s'agit là des sociétés fragmentées en une série de groupes, enfermés dans la défense de leurs propres intérêts ou de leurs propres cultures, indifférentes aux normes et aux mécanismes de régulation sociale traditionnels mais contraintes de cohabiter parce que citoyens d'un même espace politique.

C'est dire qu'il y a un déficit dans le chef des institutions dites traditionnelles que seules celles dites d'appui ont la capacité de combler. Ca ne peut pas être certainement des capacités maîtrisées et maîtrisables par les institutions traditionnelles. Pierre Albertini s'appuyant sur Alain Touraine affiche que dans ce genre des sociétés en miettes, cette espèce d'univers politique atomisé, qui exige de concilier, pacifiquement, l'unité du pouvoir et la multiplicité des acteurs, l'égalité des droits et la diversité des convictions, la loi de la majorité et le respect des libertés, c'est sur la dimension citoyenne que doivent porter, prioritairement, la réflexion et les efforts.[17].

---

[16] Pierre Albertini, ***la crise du politique. Les chemins du renouveau***, éd. L'Harmattan, Paris – Montréal, 1997, pp. 84.

[17] Pierre Albertini, ***Op. Cit***, p. 85.

C'est pourquoi les missions d'une C.V.R. sortent du cadre traditionnel. Elles ne peuvent pas se rapportée sûrement à celles de dire le droit dévolues déjà aux cours et tribunaux aussi bien nationaux qu'internationaux formés pour ce faire malgré quelques possibles péripéties de la guerre. Il faut donc les repenser en partant bien sûr des expériences du passé et dans le respect des missions dévolues aux institutions traditionnelles.

Dès lors, si l'Accord Global et Inclusif et la Constitution de la transition, pour le cas de la C.V.R. congolaise, en ont tracé les bases, la loi organique a fixé la manière selon laquelle devait être organisé et fonctionner la C.V.R.. Cette loi comprenait sept titres formulés en cinquante-neuf articles. Cette multitude d'articles procède, justifie-t-on, du souci du législateur à falloir fournir un effort substantiel conséquent pour pouvoir traduire suffisamment dans le texte le caractère indépendant, impartial et citoyen de la C.V.R. étant entendu que la légitimité de celle-ci tenait à son appropriation par la base[18].

En même temps, il a fallu assouplir et particulariser sa procédure en vue de la rendre différente de celle des Cours et Tribunaux traditionnels car, cette Commission, loin d'être une juridiction ordinaire, a été entendu comme un cadre de dialogue et de rapprochement des Congolais par la persuasion plutôt que par la contrainte et la sanction mais sans consacrer l'impunité. La C.V.R. devrait notamment compter sur l'aveu, le repentir sincère, le pardon, la réparation à l'amiable et la franchise que sur la sanction et l'usage de la force, légitime soit-elle. Loin de revêtir un caractère humiliant ou vengeur, cette procédure ne visait que la réconciliation pour un avenir commun étant donné que le droit devrait continuer à être dit, avec son lot des sanctions pénales, par les institutions judiciaires traditionnelles compétentes, à savoir les cours et tribunaux aussi bien nationaux qu'internationaux.

Cette loi adoptée par l'Assemblée Nationale et le Sénat, statuée par la Cour Suprême de Justice fut promulguée le 13

---

[18] Exposé des motifs de la Loi n°04/018 du 30 juillet 2004 portant organisation, attributions et fonctionnement de la Commission Vérité et Réconciliation in ***Journal Officiel de la République Démocratique du Congo, Op.Cit.,*** p. 1.

décembre 2004 par Président de la République. Finalement, un Règlement Intérieur fixant le jeu des acteurs au sein de la commission fut arrêté en complément et en application de ladite loi organique.

Aux termes de cette dernière complétée par le règlement d'ordre intérieur, la C.V.R. est reconnue comme un organisme de droit congolais autonome, neutre et doté de la personnalité juridique nécessaire pour accomplir sa mission ; Elle jouit de l'autonomie administrative, financière, technique et de l'indépendance d'action par rapport à toutes les autres Institutions de la République ; elle exerce avec neutralité ses pleins pouvoirs dans toutes les matières relevant de sa mission ; et, elle entretient une franche collaboration avec les autres Institutions de la R.D. Congo[19]. Pour ce faire, il a fallu la doter d'un siège, mieux des sièges pour la C.V.R. et ses démembrements.

1.2. Implantation géographique

S'il est facile de créer une structure, il n'en est pas autant des infrastructures d'accueil. Cette réalité s'est vérifiée pour la C.V.R. pendant la transition comme il en est d'ailleurs de la décentralisation instituée par la constitution du 18 octobre 2006 et prend cours avec la désignation des commissaires spéciaux pour les 26 nouvelles provinces pour lesquelles il faut une infrastructure appropriée pour leur fonctionnement idoine.

En effet, la C.V.R. de la R.D. Congo fut l'une des cinq Institutions d'Appui à la Démocratie qui venait se greffer sur les institutions traditionnelles de l'Etat. Ce dernier mis en morceaux par l'effet multiplicateur de « 1 + 4 » qui crée de nouveaux postes politiques sans en créer une infrastructure d'accueil subséquente. On ne pouvait peut-être pas se l'imaginer dans un contexte respectueux des conditions de

[19] Articles premier de la Loi n°04/018 du 30 juillet 2004 portant organisation, attributions et fonctionnement de la Commission Vérité et Réconciliation ***Journal Officiel de la République Démocratique du Congo, Op.Cit.,*** p. 2. et ; 3 du Règlement Intérieur de la Commission Vérité et Réconciliation

travail bien fait : ce qui comptait pour les nouveaux promus n'était certainement pas l'infrastructure mais plutôt le poste qu'on tenait à occuper même dans les conditions inappropriées. Ce qui importait en réalité, ce fut le profit à tirer du poste et non vraiment le travail qui en résulterait et auquel le pays s'attendait. C'est ainsi qu'on pouvait voir des membres de la C.V.R. qui ne travaillent pas mais touchent régulièrement leurs émoluments.

Dans cette dynamique, la C.V.R. débarque à Kinshasa sans tous ses membres certes mais aussi sans abri, bien au contraire avec une cagnotte mensuelle individuelle garantie. Mais comme son président est un prélat de l'ECC, la C.V.R. aura la chance de s'implanter provisoirement au centre d'accueil protestant jusqu'au moment où l'Etat lui attribuera d'abord le 6ème, puis le 7ème niveau de l'immeuble dit de la reconstruction[20] dans la Commune de la Gombe, en face à l'Hôtel de ville de Kinshasa.

De manière définitive, son siège sera donc établi à Kinshasa, justement sur l'avenue Colonel Ebeya, au n° 54, aux 6ème et 7ème niveaux de l'immeuble ex. Mireco dit de la reconstruction, en face de l'Hôtel de ville de Kinshasa dans la Commune de la Gombe. Ce siège peut être transféré à tout autre endroit dans la Capitale sur décision de la Plénière, énonce cette loi. La C.V.R., de même que ses bureaux de représentation dans les provinces sont inviolables.

Cependant, les forces de l'ordre peuvent y accéder si elles sont munies d'une autorisation expresse et écrite de l'organe de la loi et de celle du Président de la C.V.R. et en présence d'un membre de la Commission dûment mandaté par celui-ci. La C.V.R. peut siéger de manière itinérante à travers tout le pays, son rayon d'action couvrant toute l'étendue de la République et ses structures s'étendant, si nécessaire, jusqu'au niveau de la localité. Un comité provincial est installé au chef-

---

[20] Pour avoir abrité pour la première fois le Ministère de la Reconstruction, l'immeuble ex-Mireco est autrement appelé Immeuble de la reconstruction.

lieu de la province. Des comités locaux sont implantés dans le ressort de la province[21].

En complément de son identité, la C.V.R. a réussi à se constituer un Site Web (www.C.V.R.-rdc.org) et une adresse mail (congoreconciliation@yahoo.fr sous exploités) avec l'appui du PNUD vers la fin de son mandat.

1.3. Missions (objectifs) de la C.V.R.

Naturellement, il faut se remettre dans le contexte de Sun-City, du Dialogue Inter-congolais, des négociations politiques post-conflit qui ont dictée l'accord global et inclusif, instituant la C.V.R. pour mieux saisir la portée réelle mais voilée de cette instance en dépit des bonnes intentions contenues dans les textes l'organisant. C'est ici que se programme vraisemblablement l'issue inattendue de cette commission. J'avais été dans l'intime secret des conférenciers de Sun City, je l'aurais mieux appréhendée et mieux l'expliquée ; c'est dommage qu'il n'en soit pas ainsi.

Théoriquement, la C.V.R. est instituée pour faire la justice transitionnelle. La justice transitionnelle dans l'acception de cette C.V.R. repose sur deux concepts fondamentaux : la vérité d'une part et la réconciliation d'autre part.

Par Vérité, il faut entendre toute manifestation claire et objective de la réalité historique des faits, crimes et violations des droits de l'homme ayant directement ou indirectement, dans la période concernée, causé à une personne ou à un groupe de personnes un préjudice tant moral, physique, social que matériel.

La Réconciliation quant à elle, suppose la recherche de tout mécanisme destiné à rétablir la paix, la concorde et l'unité nationale., c'est-à-dire, le rétablissement de l'harmonie, de la

---

[21] Articles 2 de la Loi n°04/018 du 30 juillet 2004 portant organisation, attributions et fonctionnement de la Commission Vérité et Réconciliation ***Journal Officiel de la République Démocratique du Congo, Op.Cit.,*** p. 2. et ; 4 et 6 du Règlement Intérieur de la Commission Vérité et Réconciliation

concorde, de la paix de cœur et d'esprit entre Congolais ou groupes des Congolais auteurs et/ou victimes des divers préjudices et crimes perpétrés, en vue de restaurer l'unité nationale et la réhabilitation tant morale que physique des personnes concernées. Cette réconciliation implique dans le chef des auteurs des crimes et violations constatés : reconnaissance des faits, demande de pardon, réparation et réhabilitation tant morales, physiques, civiles que publiques des victimes. Toute autre interprétation contraire à la loi organique précitée était exclue[22].

En substance dit la loi organique de cette institution en son article 5, ''sa mission consiste à rétablir la vérité et à promouvoir la paix, la justice, la réparation, le pardon et la réconciliation, en vue de consolider l'unité nationale''. Partant, la Commission n'aura accompli sa mission que lorsque le respect des droits humains, la culture démocratique et la coexistence pacifique seront perçus par tous comme des droits inaliénables de chaque citoyen.

Pour ce faire, la C.V.R. devait subsidiairement assurer[23]:

- l'accompagnement citoyen de la transition ;
- la prévention ou la gestion des conflits en cas de leur survenance, par la médiation entre les communautés déchirées ;
- la création d'un espace d'expression entre Congolais : acteurs politiques, économiques, sociaux, et culturels pour la consolidation de la paix et de l'unité nationale par la vérité, le pardon, la justice et la réconciliation ;
- la recherche de la guérison des traumatismes et le rétablissement de la confiance mutuelle entre Congolais.

---

[22] Article 4 de la Loi n°04/018 du 30 juillet 2004 portant organisation, attributions et fonctionnement de la Commission Vérité et Réconciliation in ***Journal Officiel de la République Démocratique du Congo, Op.Cit.***, p. 4.

[23] Article 5, Loi n°04/018 du 30 juillet 2004 portant organisation, attributions et fonctionnement de la Commission Vérité et Réconciliation in ***Journal Officiel de la République Démocratique du Congo, Op.Cit.***, p. 4.

Ce qui précède impliquait que la C.V.R. commence par[24] :

- consolider l'unité et la cohésion nationales ;
- restituer la vérité à la suite des événements politiques et socio-économiques qui se sont produits en R.D. Congo ;
- réconcilier les acteurs politiques et militaires entre eux d'une part, avec le peuple d'autre part ; et le peuple avec lui-même ;
- contribuer à l'émergence et à la consolidation d'un Etat de droit en R.D. Congo ;
- faire renaître une nouvelle conscience nationale et patriotique ;
- rapprocher les gouvernants des gouvernés ;
- rétablir un climat de confiance mutuelle entre les différentes communautés et encourager une pacifique cohabitation inter-ethnique;
- faire reconnaître les crimes commis contre la République ;
- faire reconnaître les responsabilités individuelles et collectives des torts et des crimes commis et en faire obtenir réparation ;
- œuvrer à l'éradication du tribalisme, du régionalisme, de l'intolérance, de l'exclusion et de la haine sous toutes ses formes.

En même temps, la loi reconnut à la C.V.R. la capacité de statuer sur les personnes et leurs actes. Ainsi, tous les Congolais sans considération sociale, y compris l'Etat lui-même (les militaires, les policiers, les agents de sécurité ainsi que les personnes jouissant des immunités de poursuite ou des privilèges de juridiction) étaient assujettis à la loi de la C.V.R.. Tous les crimes aussi bien politiques qu'économiques et toutes les violations des droits de l'homme commis dans les limites du territoire national ou en dehors de celles-ci mais en relation avec les conflits politiques de la R.D. Congo faisait partie du siège de la matière de la C.V.R. et ce, sans prescription de temps.

---

[24] Article 7, ***idem***.

Cette dernière précision signifie que la C.V.R. devait statuer sur des événements survenus ainsi que des crimes et violation des droits de l'homme perpétrés au cours de la période allant du 30 juin 1960, date de l'accession du pays à la souveraineté internationale jusqu'à la fin de la transition instituée par l'Accord Global et Inclusif.

Bien entendu, cette période présumait, au sens de la loi organique, deux séquences essentielles : la première allait de 1960 à 1992, année de la clôture de la CNS alors que la seconde couvrait la période allant de 1993 à la fin de la transition

Pour ce faire, la C.V.R. eut les compétences exorbitantes voire contraignantes de (d')[25] :

- enquêter sur la nature, les causes et l'étendue des crimes politiques, des violations massives des droits humains commis tant par les Congolais que par les étrangers contre la nation et/ou les populations Congolaises sur le territoire national ou en dehors de celui-ci depuis le 30 juin 1960 jusqu'à la fin de la transition ;
- enquêter sur les événements politiques, socio-économiques et autres ayant perturbé la paix en R.D. Congo ;
- recevoir les plaintes, les dénonciations, les aveux des auteurs ou toute déposition des témoins en rapport avec les violations massives des droits humains, particulièrement ceux en rapport avec les viols des femmes et des jeunes filles en période de guerre ;
- identifier les auteurs et dégager les responsabilités individuelles et/ou collectives dans l'accomplissement desdits crimes et violations ;
- identifier les victimes et déterminer l'étendue des préjudices subis ;

[25] Articles 8 de la Loi n°04/018 du 30 juillet 2004 portant organisation, attributions et fonctionnement de la Commission Vérité et Réconciliation in ***Journal Officiel de la République Démocratique du Congo, Op.Cit.***, p. 5.

- rechercher tout mécanisme approprié de protection sollicitée par des personnes entendues qui craignent des conséquences préjudiciables à leur sécurité, suite à leurs dépositions ;
- proposer à l'autorité compétente, sous réserve de la loi d'amnistie votée par l'Assemblée Nationale, l'acceptation ou le rejet de toute requête individuelle ou collective d'amnistie pour les faits de guerre et les infractions politiques et d'opinion ;
- former ses membres aux techniques de résolution et de transformation pacifiques des conflits et éduquer la population à la culture de la paix et à la cohabitation pacifique des communautés ;
- capitaliser les acquis de la Conférence Nationale Souveraine et du Dialogue inter Congolais ;
- coopérer avec les autres initiatives nationales, sous régionales, régionales et internationales poursuivant les mêmes objectifs pour consolider la paix ;
- élaborer un rapport complet des activités de la C.V.R. sur les résultats obtenus, les mesures proposées et les réformes nécessaires pour prévenir la répétition des violations des droits humains ainsi que la commission des crimes les accompagnant.

1.4. Planning stratégique de paix de la Commission

Telle que décrite en exergue, la mission immense et lourde de la C.V.R. a nécessité une programmation conséquente en plus des ressources adéquates. Dès les premières réunions, il se dégagea l'idée de mettre en place un timing de réalisation des actions de la C.V.R. ou de son mandat. Il fut alors décidé de s'y prendre en trois phases capitales, à savoir :

- la phase préparatoire ;
- la phase opérationnelle et
- la phase finale

Tout au long de la phase préparatoire, les activités principales ont consisté en des Ateliers et réunions préparatoires, notamment celles d'élaboration des propositions d'actes juridiques (Loi organique et du Règlement Intérieur) y afférentes et de la sélection des membres de la Plénière ; de l'installation des Comités Provinciaux et Locaux ; de la vulgarisation de la C.V.R. en vue de la faire s'approprier par la population ; de la tenue des Séminaires/Ateliers de renforcement des capacités des membres de la C.V.R. ; etc. Bref, il s'est agi de mettre sur pied les structures organiques de la C.V.R. et le renforcement de leurs capacités.

La phase opérationnelle fut envisagée essentiellement pour l'organisation des enquêtes de terrain, l'enregistrement des plaintes, la tenue des audiences publiques, les cérémonies de réparation et les rites de réconciliation. Eventuellement, les cas extrêmes, c'est-à-dire, ceux non conciliables et non réconciliables, seraient orientés vers les juridictions nationales ou internationales compétentes pendant que les demandes d'amnistie acceptées devaient s'accorder et s'exécuter.

La phase finale, quant à elle, se chargerait de l'élaboration du Rapport final conformément à la Loi organique, spécialement en son article 55 alinéas 1 et 2. Ce rapport serait le plus complet possible. Il devrait rendre compte de toutes les activités de la C.V.R. avec les résultats obtenus ainsi que les recommandations formulées pour prévenir la répétition des violations des droits de l'homme ainsi que la commission des crimes ;

Toutefois, entre ces trois phases, le cloison n'est pas étanche. Certaines activités telles que les sessions ordinaires de la C.V.R., les missions de prévention et de médiation des conflits, l'éducation à la culture de la paix, la pacification et la cohabitation inter-ethnique,, c'est-à-dire, les activités chevauchant entre différentes phases, pouvaient se voir réalisées au cours de l'une ou de l'autre phase.

Alors que le temps de travail de la Commission était connu à l'avance et organisé comme ci-dessus, ses ressources matérielles et financières devraient provenir essentiellement de l'Etat Congolais et exceptionnellement d'autres partenaires bilatérales et multilatérales en termes des dons et subsides[26], n'ont pas suivi.

A cet effet, l'on peut retenir notamment que les ressources de la C.V.R. sont constituées d'une dotation budgétaire émargeant au budget général de l'Etat sur proposition de la Commission conformément à la loi financière du pays. Une fois voté, ce budget est soumis au contrôle de la Cour des comptes. En outre, la C.V.R. peut obtenir, des partenaires bilatéraux, multilatéraux et autres donateurs des dons et legs et tout autre appui nécessaire à son bon fonctionnement pourvu qu'elle en informe le Gouvernement.

Quant aux ressources humaines, théoriquement la loi disposait que la C.V.R. serait constituée des experts (consultants), du personnel politique et d'appoint en plus de ses 21 membres qui devraient être recrutés conformément aux prescriptions légales et réglementaires et selon les besoins de la commission et ce, essentiellement au sein de la société civile - forces vives mais la réalité a révélé que non seulement les huit membres du Bureau provenaient des composantes et entités belligérantes suivant la logique de 1+4 dans son principe de partage équitable et équilibré du pouvoir mais aussi que le choix de 13 autres membres ainsi celui du personnel d'appoint opéré par ces derniers l'a été suivant cette même logique sous couvert d'une sélection complaisante.

Certains analystes recourant à cet argument pour fustiger le caractère mitigieux constaté dans le chef de la Communauté Internationale censée soutenir financièrement la C.V.R.. Pour s'en convaincre, il suffit de scruter comment, dans quelles conditions et suivant quels critères a-t-on choisi les treize commissaires : des élections lâches et complaisantes sous-tendues par un climat d'opposition entre la communauté internationale et celle nationale[27].

---

[26] Articles 51 – 53 de la Loi n°04/018 du 30 juillet 2004 portant organisation, attributions et fonctionnement de la Commission Vérité et Réconciliation in ***Journal Officiel de la République Démocratique du Congo, Op.Cit.,*** p. 19.

[27] Ngoma Binda, ***Op. Cit.***, p.62

Ce personnel supplémentaire aiderait les huit membres du Bureau à mieux remplir leurs tâches respectives. A des différents niveaux, ce personnel (politique et d'un personnel d'appoint) composé des administratifs, des techniciens et experts doivent répondre aux besoins de la commission[28]. Et, c'est dans ce cadre que le Bureau de la C.V.R. s'est doté d'un cabinet. Forte de tous ces acquis et dispositifs, la C.V.R. a tenté de s'organiser et de fonctionner.

1.5. Organisation et fonctionnement

1. Organisation

La structure organisationnelle de la C.V.R. est composée des quatre organes animés par 21 membres dont huit composent le Bureau et 13 portent le titre de commissaires.

Ces organes sont l'Assemblée Plénière, le Bureau, les Commissions Spéciales et les Comités Provinciaux et Locaux.

Parmi ces vingt et un membres, huit ont été désignés par l'Accord Global et Inclusif depuis Sun City en Afrique du Sud. Ils représentent les composantes et entités au Dialogue Inter-Congolais. Ils sont des personnalités appartenant à des tendances politiques voire mouvements armés bien identifiés même si certains affichent nettement leur appartenance à une société civile politisée à outrance. Les huit autres constituent le Bureau de la C.V.R. Il s'agit du Président, des trois vice-présidents, du rapporteur et de ses trois adjoints.

---

[28] Articles 19 de la Loi n°04/018 du 30 juillet 2004 portant organisation, attributions et fonctionnement de la Commission Vérité et Réconciliation in ***Journal Officiel de la République Démocratique du Congo, Op.Cit.,*** p. 10.

Figure N°01 : Photos illustratives du Bureau de la C.V.R.

Le Président et les trois vice-présidents

Le Rapporteur et les trois Rapporteurs Adjoints

IL sied de noter que la présentation photographique ci-dessus démontre que le personnage en gros plan située en bas de chaque organe et appelé respectivement Président ou Rapporteur n'était que le figurant n°1 de l'organe. Son vrai commandant c'était plutôt l'autre figure placée au-dessus de la tête de cette dernière et qui était, selon le cas, un vice-président ou Rapporteur adjoint et ce, à cause de l'influence qu'exerçait son mouvement de provenance sur le pouvoir de l'Etat. Ainsi, le vice-président issu du RCD pesait plus lourdement sur la C.V.R. que son Président, et il en était ainsi du Rapporteur Adjointe qui appartenait au MLC.

Aux huit membres de la C.V.R. qui constituent le Bureau, s'ajoutent 13 autres qui, avec les premiers forment l'Assemblée Plénière de la commission conformément aux dispositions légales et conventionnelles. Les 13 derniers devront provenir de la société civile. Par société civile, la loi organique fait particulièrement allusion aux confessions religieuses, aux associations savantes, aux associations féminines et à d'autres associations apolitiques dont les activités ont un rapport avec l'objet de la C.V.R.. Ils sont sélectionnés et choisis par le Bureau à l'issue d'un vote transparent et publique organisé par chaque Province. Le genre est de mise, un quota de 30% est accordé d'office à la femme.

Cette sélection n'est par hasardeuse. Hors mis son appartenance à la société civile qui garantit son indépendance et le critère géopolitique qui assure la représentativité, le prétendant membre de la C.V.R. devait répondre aux autres critères suivants[29] :

- être de nationalité Congolaise ;
- avoir 35 ans d'âge révolus ;
- être détenteur d'un diplôme de graduat au moins ou justifier d'une expérience professionnelle de dix ans ;
- être compétent par rapport aux principes de vérité et réconciliation ;

[29] Article 10 de la Loi n°04/018 du 30 juillet 2004 portant organisation, attributions et fonctionnement de la Commission Vérité et Réconciliation

- avoir une bonne connaissance des réalités sociales du terrain et des droits de l'homme ;
- avoir un esprit rassembleur et réconciliateur ;
- faire preuve de moralité et de crédibilité ;
- jouir de toutes ses facultés mentales ;
- ne pas occuper un poste de responsabilité dans un parti politique ;
- produire un certificat d'aptitude au travail, un extrait de casier judiciaire vierge, une attestation de bonne vie et mœurs, ainsi qu'un certificat de nationalité ;
- ne pas être impliqué dans les crimes et violations des droits de l'homme.

On ne cessera pas de le répéter ! Les conditions de sélection du personnel de la C.V.R. ont été loin de rencontrer les critères ci-haut décrits. Rien qu'en considérant le critère niveau d'études, la C.V.R. a enregistré des membres dont le niveau n'équivalait même pas à celui d'un diplôme d'Etat (...) objectivement parlant, enchaîne Ngoma Binda, leur C.V.R. n'a pas compté 05 personnes sur les 21 qui auraient pu être jugées réellement instruites, compétentes, crédibles, bien en leur place et ayant une capacité de hauteur morale, de sagesse, de pensée rigoureuse, de jugement bien pensé et d'intégrité[30].

Avant leur entrée en fonction, les 21 membres de la C.V.R. ainsi sélectionnés se présentent devant l'Assemblée Nationale pour leur entérinement.

---

[30] Ngoma Binda, ***Op.Cit.*** pp. 62-63

Figure n° 02 : Membres de la C.V.R. après présentation au Parlement

Cette photo a été prise devant le Palais du Peuple, siège du Parlement de Transition après la cérémonie d'entérinement du choix des 21 membres de la Commission Vérité et Réconciliation conformément à la loi organique régissant cette Institution.

Par la suite, tous les 21 membres de la Commission ont prêté, devant la Cour Suprême de Justice, le serment suivant[31], question de les lier à l'idéal national :

« Moi.... Je jure, devant Dieu et la Nation, de :

- *respecter scrupuleusement la Constitution et les lois de la République ;*
- *remplir loyalement et fidèlement les fonctions de membre de la C.V.R. ;*
- *d'observer la discrétion dans l'exercice de mes fonctions et après mon mandat ;*
- *consacrer toutes mes forces pour la consolidation de l'unité nationale grâce à une véritable réconciliation entre les Congolais ;*
- *d'exercer mes fonctions en âme et conscience, en tout indépendance d'esprit et en toute impartialité ;*

[31] Article 11 de la Loi n°04/018 du 30 juillet 2004 portant organisation, attributions et fonctionnement de la Commission Vérité et Réconciliation

- *ne représenter ni les opinions ni les intérêts partisans de la Composante ou Entité à laquelle j'appartiens.* »

Il y a lieu de signaler que cet exercice n'a eu lieu qu'environs sept mois avant la fin de la transition (23 décembre 2004) qui devait formellement se clôturer le 30 juin 2005 mais qui a bénéficié d'une prolongation que s'est octroyée l'ensemble des institutions de transition.

Figure n° 03 : Membres de la C.V.R. après prestation de serment

Réunis autour du Vice-Président de la République Azarias RUBERWA MANIWA, des juges de la Cour Suprême de Justice, et de l'autorité urbaine, cette photo illustre les 21 membres de la C.V.R. à l'issue de la cérémonie de prestation de serment devant la Cour Suprême de Justice.

Par ailleurs, le bon fonctionnement de la C.V.R. postulait que ses membres n'exercent aucune activité incompatible avec leurs fonctions ou susceptibles de susciter des controverses sur l'honneur et la dignité de celles-ci[32].

---

[32] Articles 12 et 50 de la Loi n°04/018 du 30 juillet 2004 portant organisation, attributions et fonctionnement de la Commission

En effet comme l'a prévu la loi sur la C.V.R., la qualité de membre de la C.V.R. est incompatible notamment avec celle de membre des autres Institutions de la République, dont les magistrats, les cadres politico-administratifs de la territoriale, les membres des cabinets politiques, les agents et fonctionnaires de l'Etat, les militaires, les policiers et les agents des services de sécurité, les mandataires et employés des entreprises publiques, les personnes exerçant des fonctions rémunérées conférées par un Etat étranger ou un organisme international.

Le membre frappé par l'une de ces incompatibilités doit immédiatement démissionner ou solliciter une mise en détachement vis-à-vis de son service d'origine. Il est tenu d'en produire la preuve au Président de la C.V.R. endéans trente jours. Passé ce délai, il est d'office réputé démissionnaire au sein de la C.V.R.. Cependant, la C.V.R. congolaise n'a enregistré aucune démission par ce fait alors que la plupart de ces membres étaient partisans des partis politiques ou fonctionnaires de l'Etat.

Dès leur entrée en fonction et à l'expiration de celle-ci, les membres de la C.V.R. sont tenus, de faire sur l'honneur une déclaration écrite de tous leurs biens à l'Assemblée Nationale, mais personne ne l'a fait.

La qualité de membre de la C.V.R. prend fin par démission, empêchement définitif, décès ou à l'issue d'une condamnation pour haute trahison, détournement des deniers publics, concussion ou corruption. Le cas échéant, la vacance est pourvue selon le procédé qui a présidé à la désignation du membre concerné. L'Assemblée Nationale entérine le remplacement ainsi effectué endéans sept jours. Passé ce délai, l'entérinement est acquis d'office[33].

Un régime disciplinaire et une rémunération conséquente sont pourvus au membre de la C.V.R. pour assurer l'exercice harmonieux de ses fonctions[34]. Il jouit des immunités pour les

---

Vérité et Réconciliation in ***Journal Officiel de la République Démocratique du Congo, Op.Cit.,*** pp. 7 et 18.

[33] Articles 159, ***Idem***

[34] Articles 21 - 44 du Règlement Intérieur de la Commission Vérité et Réconciliation

actes accomplis dans l'exercice de ses fonctions ; dans ce cas, il ne peut être poursuivi qu'avec l'autorisation de l'Assemblée plénière, sauf en cas de flagrant délit[35].

Les avantages, c'est ce qu'intéressait les membres de la C.V.R. au détriment du travail. En plus des avantages divers leur alloués, les membres de la C.V.R. bénéficiaient régulièrement de leurs émolument sans se soucier forcément de travail qui en résultait. Il y en a eu qui n'ont pas pu dépasser 90 jours de présence au travail en plus de trois ans d'existence de la C.V.R.[36].

2. Fonctionnement

1°. Assemblée Plénière

L'Assemblée Plénière est l'organe de conception, d'orientation et de décision de la C.V.R. Elle comprend l'ensemble des membres désignés conformément aux dispositions de l'article 9 de la Loi organique : huit membres du Bureau et treize Commissaires. L'Assemblée Plénière détermine la politique générale de la C.V.R. et délibère sur toutes les matières relevant des attributions de celle-ci. Elle fait office du Législatif de la commission.

L'Assemblée Plénière de la C.V.R. se réunit régulièrement en session ordinaire une fois par mois et en session extraordinaire selon les circonstances à son siège, à Kinshasa, sur convocation du Président de la C.V.R.

Sept jours avant la tenue de la session, le Président convoque la plénière par écrit avec proposition de l'ordre du jour.

---

[35] Articles 47 et 49 de la Loi n°04/018 du 30 juillet 2004 portant organisation, attributions et fonctionnement de la Commission Vérité et Réconciliation in ***Journal Officiel de la République Démocratique du Congo, Op.Cit.,*** p. 17.

[36] Ngoma Binda, ***Op. Cit.,*** p.63.

L'Assemblée Plénière siège valablement à la majorité absolue de ses membres, soit au moins 11 membres. La présence des membres est physique, individuelle et obligatoire. Un registre de présence mis à la disposition des participants est signé séance tenante.

Si le quorum n'est pas atteint, il est dressé un procès-verbal de carence et une nouvelle invitation est envoyée aux membres dans les conditions requises. L'Assemblée ainsi convoquée se réunit quel que soit le nombre des participants présents et ses décisions sont d'application pour tous les membres.

L'Assemblée plénière siège valablement à la majorité absolue de ses membres. Elle statue par voie de décision ou de recommandation, selon le cas, à la majorité des trois quarts de ses membres. Si à une séance de l'Assemblée plénière, ce quorum n'est pas atteint, les décisions sont prises à une séance subséquente, à la majorité absolue des membres présents. En cas d'égalité de voix au premier et ensuite au deuxième tour de scrutin, la voix du Président de la C.V.R. est prépondérante. En dehors de cette exception, tous les membres de la C.V.R. ont un droit de vote égal. Toutefois, le consensus s'applique au premier plan dans la prise des décisions.

La plénière de la C.V.R. prend des décisions qui sont exécutoires et opposables à tous dans les domaines de sa compétence. Les décisions ainsi que les recommandations arrêtées en plénière sont enregistrées à part en vue d'en assurer le suivi. Une commission ad hoc est chargée de cette tâche.

Les travaux de l'Assemblée plénière sont sanctionnés par un procès-verbal. Ces Procès-Verbaux sont amendés et adoptés par la Plénière lors des sessions ultérieures. Ils sont conjointement signés par le Président et le Rapporteur en vue d'attester leur authenticité.

L'Assemblée plénière peut y inviter à ses travaux toute personne étrangère titre consultatif. Les personnes étrangères invitées à divers titres ne participent pas au vote.

2°. Bureau

Le Bureau est l'organe d'exécution et de coordination de la C.V.R. Il exécute au quotidien la politique de la C.V.R. C'est l'Exécutif de la commission, secondé par ses démembrements dont les commissions spéciales, les sections, les comités provinciaux et locaux.

Le Bureau se réunit à la majorité absolue de ses membres, soit au moins 5 membres. Il se réunit une fois par semaine et, chaque fois que les circonstances l'exigent. La présence est physique, individuelle et obligatoire.

Si le quorum n'est pas atteint, il est dressé un procès-verbal de carence et une nouvelle invitation est adressée aux membres dans les conditions requises. Le Bureau ainsi convoqué se réunit quel que soit le nombre des participants présents et ses décisions sont imposées à tous les membres du Bureau.

Le Bureau statue par voie de décisions sur les matières de sa compétence, par consensus ou à défaut, par vote à la majorité absolue de ses membres présents. Chaque membre du Bureau exécute, en plus de sa fonction principale, d'autres tâches administratives pour le bon fonctionnement de la C.V.R. C'est ainsi que :

Ayant rang de Ministre, le Président dirige le Bureau et coordonne l'ensemble des activités de la C.V.R. ; il dirige également les deux Commissions Spéciales de la C.V.R.

Les Vice-Présidents assistent le Président dans ses attributions et le remplacent en cas d'empêchement selon l'ordre de préséance. Le Premier Vice-Président est chargé de l'Administration et de la gestion des ressources humaines de la C.V.R. ; le Deuxième Vice-Président est le porte-parole et le chargé des relations publiques de la C.V.R. ; le troisième Vice-Président, pour sa part, est chargé de la Planification des activités de la C.V.R.

Quant au Rapporteur, il est chargé de l'organisation des activités de la C.V.R. ; il rédige les P.V des séances plénières et du Bureau.

Les Rapporteurs Adjoints assistent le Rapporteur dans l'exercice de ses attributions. Le Premier Rapporteur Adjoint est chargé de la logistique ainsi que de l'approvisionnement ; Le Deuxième Rapporteur Adjoint est chargé des Finances alors que le Troisième Rapporteur Adjoint est chargé de la préparation et du suivi des missions de la C.V.R..

3°. Commissions Spéciales

Les Commissions Spéciales sont des groupes de travail chargés d'examiner des questions spécifiques relevant des matières leur dévolues à l'article 25 de la Loi Organique. La C.V.R. en a créé deux en fonction de son intitulé. Il s'agit de :

- la Commission Spéciale Vérité et ;
- la Commission Spéciale Réconciliation.

Conformément à la décision prise par la Plénière de la C.V.R. au cours de sa session ordinaire tenue du lundi 13 au Vendredi 17 Juin 2005, relative à la constitution des Commissions Spéciales de la C.V.R., la Commission Spéciale Vérité est constituée de 12 membres contre 10 qui devra composer la Commission Spéciale Réconciliation.

Chaque Commission Spéciale à son tour est scindée en trois sections, chacune composée des deux Commissaires exception faite de la section « Violence faite à la Femme et à l'Enfant » qui en compte trois.

Alors que les Commissions Spéciales de la C.V.R. sont dirigées par le Président de la C.V.R. conformément aux articles 77 et 78 réaménagés du Règlement Intérieur de la C.V.R., les sections, elles, sont dirigées par les Commissaires conformément à l'article 79 de son Règlement Intérieur.

Les réunions de ces deux Commissions Spéciales sont sanctionnées par des procès-verbaux signés conjointement par leurs secrétaires respectifs et le Président de la C.V.R.. Ils sont enregistrés et numérotés de suite.

4°. Comités Provinciaux et Locaux

Les Comités Provinciaux et Locaux représentent la C.V.R. au niveau provincial et local. Ils assurent l'exécution des décisions et recommandations de l'Assemblée Plénière et du Bureau dans leurs entités respectives.

Ils transmettent au Bureau de la C.V.R. les doléances recueillies auprès des populations de leurs juridictions respectives.

Conformément à l'article 84 du Règlement Intérieur de la C.V.R., le Comité Provincial est composé de sept membres dont un Président, deux Vice-Présidents, un Rapporteur et trois Rapporteurs- Adjoints.

Les membres des Comités Provinciaux sont issus des confessions religieuses, des associations savantes, des associations féminines et des autres associations dont les activités ont un rapport avec l'objet de la C.V.R., présélectionnés sous la direction du Bureau. Ils sont nommés par le Président de la C.V.R. après délibération de la Plénière.

Quant aux Comités Locaux, ils sont également constitués, mutatis mutandis, conformément à l'article 84 du Règlement Intérieur. Ce qui veut dire concrètement que le Comité Local doit être composé de quatre membres dont un Président, un Vice- Président, un Rapporteur et un Rapporteur Adjoint.

Les Comités Locaux reçoivent les dossiers des plaintes, les enregistrent et les transmettent aux Comités Provinciaux. Ceux-ci font rapport au Bureau qui, après approbation de la plénière, charge l'organe indiqué de la suite des travaux et lui précise les orientations à suivre.

Les Comités Provinciaux et Locaux rendent mensuellement compte au Bureau de l'évolution des dossiers en leur possession avec copie pour information à la Section Concernée. Les procès-verbaux des auditions sont établis et consignés dans un registre et une copie est transmise au Bureau de la C.V.R.

Les enquêtes sont diligentées par la plénière, les Comités Provinciaux et Locaux sur proposition de la section concernée. Les Comités Provinciaux et Locaux ou les Commissions Spéciales proposent à la Plénière un rituel de la cérémonie de réconciliation, après consultation des parties.

Les demandes d'amnistie sont recevables devant les Comités Provinciaux et Locaux. Les Comités Provinciaux transmettent les dossiers avec avis et considérations au Bureau qui, à son tour, saisit la Plénière pour avis. Les Comités Provinciaux réservent copie à la Commission.

A la lumière de ce qui précède, il se dégage que la C.V.R. a prévu une longue procédure d'investigations et d'enquêtes devant conduire à la connaissance parfaite de la vérité susceptible de déboucher sur une réconciliation nationale et à la cohabitation pacifique[37]. Cette procédure part des principes généraux en passant par l'assistance devant la Commission ; le dépôt, l'enregistrement ou la récusation des plaintes ; la saisine de la Commission ; les investigations et enquêtes ; les audiences ; la réparation et le pardon ; le rite de réconciliation et l'amnistie jusqu'au renvoi des dossiers insolubles devant les juridictions nationales ou internationales attitrées.

Voilà en gros ce qui a constitué, du moins théoriquement, l'arsenal structurel et fonctionnel de la C.V.R. dont la matérialisation n'a pas été total. Seul le niveau national (Bureau et Plénière l'a été. Les autres niveaux, qu'il s'agit des commissions spéciales, des sections ou des organes provinciaux et locaux, n'ont pas connu un début de fonctionnement effectif bien que certains organes d'entre ces derniers aient été mis sur pied avec des structures et des animateurs qui n'étaient connus que sur papier. Raison pour laquelle l'analyse de l'action de la Commission ne peut se limiter qu'aux seules structures nationales que sont le Bureau et la Plénière parce qu'ayant effectivement fonctionné.

---

[37] Articles 31 – 46 de la Loi n°04/018 du 30 juillet 2004 portant organisation, attributions et fonctionnement de la Commission Vérité et Réconciliation in ***Journal Officiel de la République Démocratique du Congo, Op.Cit.,*** pp. 13 - 14.

Chapitre deuxième

CONTRIBUTION DE LA COMMISSION VERITE ET RECONCILIATION A LA THEORIE DE LA JUSTICE TRANSITIONNELLE

On ne le dira plus assez ! L'Accord Global et Inclusif prévoyait un mécanisme pour s'occuper de la justice transitionnelle en R.D. Congo. Cette disposition a été consacrée par la constitution de transition avant de faire objet d'une loi organique. Il s'agit de la C.V.R.. Il faut, à cet effet, noter que le Dialogue Inter-Congolais considérait à sa juste valeur l'importance de la justice transitionnelle pour lui accorder une place de choix dans l'ordre politique transitionnelle. La mise en œuvre de la C.V.R. devait en donner la configuration exacte. C'est donc au travers de la mise en œuvre de la C.V.R. que nous cherchons à découvrir cette contribution à la théorie de la justice transitionnelle en pleine évolution et, la relecture de son action s'impose pour ce faire.

1. Réalisations

Curieusement, la période de la mise en œuvre de la justice transitionnelle a correspondu à celle de la transition politique. Ce n'était pas une innovation singulière de la RDC. C'était commode aux expériences antérieures qui, du reste, ont inspiré l'expérience congolaise.

En RDC au total, la période de transition a couru du 30 juin 2003 (date de l'instauration du gouvernement de transition) au 30 juin 2006 (date de la fin de la deuxième prolongation de la période de transition).

En effet, la constitution de la transition a prévu que la période de transition prenait cours dès l'installation des institutions de la transition et qu'elle pouvait être prolongée de six mois renouvelable une fois. Dans la pratique cependant, cette période est allée au-delà des dispositions constitutionnelles. Car, la prolongation de six mois renouvelable une fois appliquée et qui devait logiquement s'arrêter au 30 juin 2006 s'est poursuivie jusqu'aux présidentielles d'août et septembre 2006 pour ne se terminer effectivement qu'à la prestation de serment par le chef de l'Etat, le 6 décembre 2006. Il est certain que ces dernières vagues de prolongation de fait (annotées d'ailleurs dans la constitution du 18 février 2006[38]) n'ont pas entrainé la C.V.R. qui avait déjà cessé de fonctionner et qui s'ennuyait déjà car ne faisant rien.

Cependant, la C.V.R. censée commencer ses activités au début de la transition ne l'a pas pu. Mais comment fallait-il le faire sans règles de jeux convenus au préalable, c'est-à-dire, sans loi organique ni Règlement Intérieur ? Avec qui fallait-on le faire pendant que ses membres étaient encore en train d'être désignés, le Dialogue Inter-Congolais n'ayant levé que les options fondamentales de son fonctionnement ? Avec quelles ressources devait-on fonctionner ? Voilà des exigences qui ont

---

[38] La constitution du 18 février est celle qui remplace la constitution de la transition et qui d'office régissait le pays. En son article 222, cette constitution prévoit que « les institutions politiques de la transition restent en fonction jusqu'à l'installation effectivement des institutions correspondantes prévues par la présente constitution et exercent leurs attributions conformément à la constitution de transition. » et que « les institutions d'appui à la démocratie (dont la CVR) sont dissoutes de plein dès l'installation du Parlement » et que « Toutefois, par une loi organique, le Parlement pourra, s'il échet, instituer d'autres institutions d'appui à la démocratie ». Des quatre institutions d'appui à la démocratie que la transition a connues, seules deux ont été reconduis : la commission électorale et celle d'audiovisuel à cause de leur efficacité démontré pendant la transition. La CVR a été tout simplement oubliée malgré la noblesse et la pertinence de sa mission qui se démontre jusqu'alors.

fait que la C.V.R. ne puisse commencer effectivement ses activités qu'environ une année après, exactement le 30 juillet 2004.

Une année était donc plus que nécessaire pour préparer un décollage sûr et certain de la C.V.R. ; car, comme l'atteste son rapport final de juin 2006, la C.V.R. « a effectivement commencé ses activités au mois d'août 2003 »[39]. Qu'a-t-on donc réalisé de concret dans les trois ans francs de l'exercice de la C.V.R., réalisations susceptibles d'être prises en compte dans la systématisation de la théorie de la justice transitionnelle ? Mieux, dans quelle mesure la C.V.R. congolaise a-t-elle servi de stratégie sous-tendante de la théorie de la justice transitionnelle ?

Rappelons avant toute chose que la mise sur pied de la C.V.R. congolaise pouvait se résumer en cinq impératifs suivants, à savoir, la vérité, la réparation, l'amnistie et la réconciliation qui, du reste, font partie des postulats de base de la justice transitionnelle. Une autre tâche supplémentaire mais non la moindre lui a été assignée : celle de pacifier le pays par la médiation des conflits entre communautés déchirées. Pour le faire, elle devait établir le bilan des crimes et violations des droits humains perpétrés en R.D. Congo depuis l'époque de l'indépendance.

C'est au regard de ces impératifs qu'il faut apprécier l'action de la C.V.R. vis-à-vis de la justice transitionnelle. Mais compte tenu de leur niveau de concrétisation par la C.V.R. congolaise, nous les classons en deux catégories pour besoin d'analyse : les postulats non réalisés (quatre premiers : vérité, réparation, amnistie, et réconciliation, éventuellement la justice[40]) d'un côté et le postulat réalisé (le cinquième : pacification par la médiation des conflits) de l'autre. Toutefois,

---

[39] Lire Rapport des activités, Exercices 2003 – 2004 – 2005, Janvier 2006, p. 18.

[40] La Justice est un postulat que la CVR devait réaliser en collaboration avec les instances judiciaires nationales ou internationales dès lors qu'un cas donné n'aurait pas trouvé solution par des mécanismes de justice transitionnelle. Ainsi, le cas insoluble par la CVR est transféré au niveau des la justice nationale ou internationale selon le cas.

il sera ajouté à ce dernier les activités préparatoires pour autant que ces derniers chevauchent entre différentes phases telles que conçues par la commission. Pour s'en faire une idée assez précise, il est présenté, ci-dessous, l'évolution schématique de ces postulats.

Graphique n°01 : Evolution des postulats

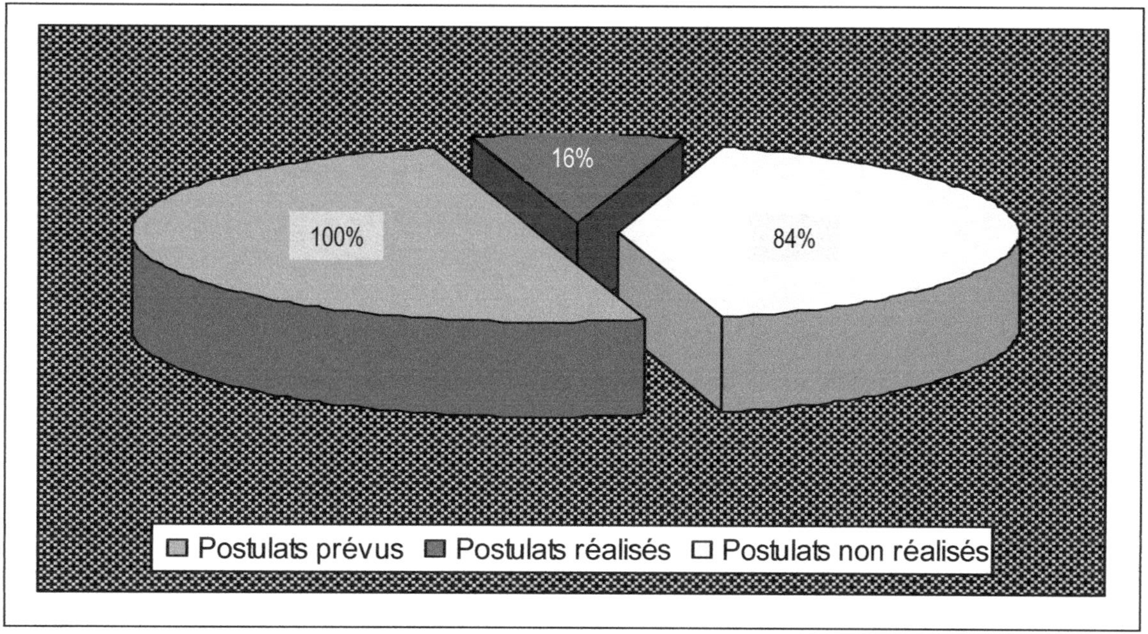

En tout et pour tout, sur le 100% de la mission assignée à la C.V.R., 16% seulement a été fait contre 84% restant. Ce qui a fait penser à son échec.

1.1. Postulats non réalisés

1°. Vérité

La vérité est définie par la C.V.R. comme une "manifestation claire et objective de la réalité historique des faits, crimes et violations des droits de l'homme ayant directement ou indirectement, dans la période concernée, causé à une personne ou à un groupe de personnes un préjudice tant moral, physique, social que matériel"[41]. Elle a pour sources principales les aveux et les accusations. Et, sa découverte se fait au moyen de plaintes, de dénonciations, de dépositions de témoins, de enquêtes, de recherches en profondeur, d'instructions en vue d'identifier les auteurs qui doivent être soumis aux audiences… audiences qui mèneront, à coup sûr et après confrontation, à la connaissance de la vérité et aux réparations éventuelles, base d'une réconciliation possible.

La Commission Vérité et Réconciliation congolaise n'a pas franchi cette première étape première de son action relative à la connaissance de la vérité, étape pourtant prévue pour la deuxième phase de son planning.

Néanmoins, elle est quand même parvenue à réaliser la troisième phase qui a consisté à rédiger le rapport final de ses activités. A ce propos, conclut Martien Schotsmans[42], "il est donc clair que la Commission n'a même pas entamé son travail de recherche de la vérité".

Cette conclusion procède de l'aveu de l'échec fait par le Président de la C.V.R., Jean-Luc Kuye Ndondo wa Mulemera,

---

[41] Article 4 de la Loi n°04/018 du 30 juillet 2004 portant organisation, attributions et fonctionnement de la Commission Vérité et Réconciliation in ***Journal Officiel de la République Démocratique du Congo, Op.Cit.,*** p. 2.

[42] Martien Schotsmans, ***Op. Cit.,*** , p. 209.

en mai 2006, quelques jours avant la publication du rapport final des activités de sa commission qui en faisait un bilan mitigé en avouant que son institution n'avait pas abordé, tout au long de son mandat, le volet ''vérité'' de la mission qui lui était confiée[43].

2°. Réparation

Après avoir déniché la vérité et établi les faits à la suite des audiences, la C.V.R. congolaise a reçu mandat d'accorder réparation aux victimes suivant une procédure à l'amiable[44]. Dans cette optique, la Réparation s'entrevoit comme une conséquence logique des faits dont on est auteur ou co-auteur et qu'il faut reconnaître en tant que tel pour prétendre à un quelconque arrangement avec la victime en guise de réparation. De ce fait, la réparation vise la suppression ou l'atténuation des conséquences fâcheuses du préjudice subi. Elle suppose donc que la vérité soit d'abord et avant tout établie pour dégager les responsabilités et envisager la réparation des dommages causés.

Or, comme on vient de le souligner au point précèdent, aucun travail de recherche de la vérité n'a été amorcé par la commission à l'issue de ses trois ans d'existence. Comment peut-on alors parler de la réparation si la vérité dont elle procède n'a jamais été établie !

3°. Amnistie

Mutatis mutandis, ce qui a été dit de la réparation vaut tout son pesant d'or au niveau de l'amnistie comme il en sera d'ailleurs pour la réconciliation pour autant que celles-ci sont subordonnées à la connaissance de la vérité. Le rétablissement de la vérité demeure donc le chemin obligé par où passent, selon le cas, la réparation, l'amnistie et la réconciliation. L'amnistie notamment s'entend comme une forme de pardon

---

[43] Radio Okapi, le 8 mai 2006.

[44] Voir les articles 55 de l'Accord Global et Inclusif et 41 de la Loi n°04/018 du 30 juillet 2004 portant organisation, attributions et fonctionnement de la Commission Vérité et Réconciliation

pour autant qu'elle peut être considérée comme une mesure de clémence prise par voie législative pour annuler totalement ou partiellement une peine infligée à un condamné. En tant que tel, l'amnistie n'est possible qu'après condamnation alors que cette dernière émane de la connaissance de la vérité ou de ce qu'on présumé comme telle.

La C.V.R. ne pouvait parvenir concrètement au niveau de l'amnistie sans passer par le rétablissement de la vérité même si certaines dispositions légales avaient été prévues. En effet, en exécution du point III, 8 de l'Accord Global et Inclusif et de l'article 199 de la constitution de la transition, une loi d'amnistie a été votée par le Parlement Congolais le 29 novembre 2005 et promulguée le 19 décembre 2005. Cette loi, en son article 4, précise que l'amnistie ne porterait pas préjudice aux réparations civiles ou aux restitutions autant qu'elle n'institue pas l'impunité pour crimes de guerre, crimes contre l'humanité et crimes de génocide. Par conséquent, les dispositions ainsi élaborées sont restées lettre morte dans les annales juridiques.

4°. Réconciliation

Parlant de la Réconciliation, la C.V.R. évoque tout mécanisme destiné à rétablir la paix, la concorde et l'unité nationale et qui implique, dans le chef des auteurs des crimes et violations constatés, la reconnaissance des faits, la demande de pardon, la réparation et réhabilitation tant morales, physiques, civiles que publiques des victimes[45]. Ici comme dans les cas précédents, l'établissement de la vérité s'impose comme préalable.

Dès lors et malgré toutes les précautions légales prises en la matière, il s'est avéré quasi impossible à la C.V.R. d'amorcer

---

[45] Article 4 de la Loi n°04/018 du 30 juillet 2004 portant organisation, attributions et fonctionnement de la Commission Vérité et Réconciliation in ***Journal Officiel de la République Démocratique du Congo, Op.Cit.***, p. 2.

le processus de réconciliation sans avoir préalablement étalé la vérité en face.

1.2. Postulats réalisés

La C.V.R. n'a pas attendu qu'elle ait tous les instruments juridiques, un cadre de travail et toutes les ressources nécessaires pour commencer à fonctionner. Avec son Président appuyé par quelques experts, elle s'est, en attendant la loi organique et le Règlement Intérieur, servi de l'Accord Global et Inclusif et de la constitution de la transition comme base de fonctionnement. C'est ainsi, alors que le gouvernement venait d'être installé, les activités de la C.V.R. démarraient aux mois de juillet - août 2003. Réalisées pratiquement tout au long du mandat de cette institution, ces activités auxquelles s'ajoutent celles de médiation des conflits furent essentiellement de nature administrative et technique. Pour ce faire, des réunions de service, des contacts divers, des ateliers, bref, des missions furent organisées, en vue de réunir le minimum des ressources matérielles, financières et humaines dont la commission devait disposer[46].

Dans cet ordre, il sied de relever l'appui considérable des institutions nationales dont le Parlement et le Gouvernement, de la Société Civile à travers certaines ONGs aussi bien nationales qu'internationales comme le WOPA, l'ICJT et celui de la communauté internationale dans son ensemble. On souligne également l'influence des ex-belligérants, influence attestée par la présence remarquable de ces derniers dans les discussions sur la loi organique et il en sera ainsi tout au long des travaux de cette commission. Cette influence est exercée tantôt au travers de leurs représentants au Bureau de la Commission, tantôt au travers d'autres délégués commis pour la circonstance. Et ces influences politiques furent pour beaucoup dans la rupture des

[46] Rapport des activités 2003, 2004, 2005 et 2006, p. 18.

appuis de la communauté internationale à la C.V.R. qu'ils jugèrent peut-être très tôt d'inopportune[47].

Pour des motifs pédagogiques, nous présentons, dans les lignes qui suivent, la grille de ces activités par année d'exercice.

1°. Exercice 2003

Au cours de cette année, on relèvera notamment des multiples réunions de travail dont deux ateliers organisés pour ébaucher l'avant-projet de la loi organique, le document sur la vision et les stratégies de l'Institution ainsi que du budget 2003 sans oublier les nombreux contacts et démarches entrepris pour l'acquisition des locaux et des équipement, y compris le déblocage des émoluments des membres du Bureau et autre personnel de la commission.

Deux missions (de renforcement des capacités et de recherche de financement) effectuées à l'extérieur du pays complètent le tableau des activités préparatoires entrepris par la C.V.R. en 2003. Tout naturellement, ces activités ont occasionné des flux financiers dont les extraits sont également repris annuellement. Ci-dessous, le tableau synthétique de ces activités et des flux financiers y afférents :

---

[47] Propos tenus par les membres de la Commission Vérité et Réconciliation dont le Commissaire Nsaman, l'un des pionniers de celle-ci.

Tableau n° 01 : Ateliers sur la loi organique

N°	Lieu et Date	Activités	Participant	Résultat
1	Centre d'Accueil Protestant Du 28 au 29/7/2003	Harmonisation propositions de l'avant- projet de la loi organique	Les membres et experts C.V.R. - Délégués de WOPPA ; Confessions religieuses ; Université de Kinshasa ; Université CEPROMAD et du CENADEP.	L'adoption à l'unanimité d'un texte harmonisé en tant que texte unique de la loi organique de la C.V.R.
2.	Centre d'Accueil Protestant Du 22 au 23 août 2003	Atelier d'Intégration des préoccupations des experts internationaux et des partenaires étrangers dans le Projet de loi organique de la C.V.R.	- Les membres de la C.V.R. - Les délégués de : ICTJ ; IJR ; GIPBC;Law Group; La Voix de Sans Voix ; ASADHO ; RCD ; RCD/N ; MAI-MAI ; Gouvernement ; Ambassade de Belgique	Intégrer les préoccupations majeures des experts internationaux et des partenaires étrangers dans l'avant-projet de loi organique

Source : Rapport des activités 2003, 2004, 2005 et 2006, p.16.

Tableau n° 02 : Missions extérieures

N°	Lieu et Date	Activités	Participant	Résultat
1.	Afrique du Sud.	Mission de renforcement des capacités	- J-L KUYE-NDONDO; - M.B. SERUKIZA; - Mme Rose MIKA; - M. CHOMACHOMA.	Partage de l'expérience Sud-africaine par les membres de la C.V.R. de la R.D. Congo.
2.	Allemagne, Suède, Norvège et Belgique Du 20/11/ au 11/12/2003.	Mission de recherche de financement auprès des bailleurs des fonds	- J-L KUYE-NDONDO - M. YAKA SWEDY - M. MUSIMWA - M. CHOMACHOMA	- La prise en charge de la campagne de vulgarisation dans 3 provinces de l'Est par Norwegian Church, Aid (NCA) au Nord, Sud-Kivu et Province Orientale, - Don d'une trentaine d'ordinateurs par l'Eglise Protestante de Belgique, - Assistance financière par EED d'Allemagne

Source : Rapport des activités 2003, 2004, 2005 et 2006, pp.19-20.

3	EVANGELISCHER ENTWICK DUNGSDIEST (EED)	37.000 Euros	37.000 Euros	Financement des activités de vulgarisation ainsi que le paiement des indemnités aux membres de la Plénière dont : • Coordination, Consultation et Vulgarisation : 15.000 € • Fournitures, Communications, Frais bancaires et Audit (Charges diverses) : 2000€ • Indemnités des frais (membres de la plénière) : 18.000 € Frais de Gestion partenaires : 2000€
	Totaux	**52.000.000 Fc** **44.000 $** **37.000 €**	**52.000.000 FC** **44.000 $** **37.000 €**	Toutes les recettes ont été totalement consommées

Source : Rapport des activités 2003, 2004, 2005 et 2006, p. 21.

2°. Exercice 2004

a) Missions de vulgarisation et contact avec la base.

Cette série des missions a visé deux activités menées conjointement, à savoir, l'appropriation de la C.V.R. par les organisations de base, c'est-à-dire, la société civile dans sa généralité d'une part et, la présélection des 21 autres membres de la C.V.R. A ce propos, le Président ad intérim de la Commission, M. Benjamin Serukiza a instruit : ''Aux délégations du Bureau de la Commission qui feront cette campagne de vulgarisation, l'occasion sera aussi propice pour procéder à la supervision du choix des autres membres de la commission''[48].

Cette activité ne sera effectivement lancée que le lundi 15 novembre 2004[49], avec un retard d'environ quatre mois eu égard aux prévisions légales qui lui reconnaissait une durée maximale de deux mois à dater de la promulgation de la loi organique intervenue le 30 juillet 2004[50].

En effet, 13 autres membres devaient compléter les effectifs des membres de la C.V.R., tous constituant la Plénière[51]. Ces 13 membres proviendraient des provinces en raison d'un membre par province sauf la Province-ville de Kinshasa qui en a donné deux. L'Ituri a aussi bénéficié

---

[48] Instruction n° 169/BP/Commission Vérité et Réconciliation/2004 donnée par le Président a.i., le Premier Vice-Président de la Commission Vérité et Réconciliation, Mr Benjamin Serukiza Nkundabantu, aux délégations commises pour les missions de vulgarisation et processus de désignation des commissaires à Kinshasa le 22 octobre 2004.

[49] Mgr Jean Luc Kuye Ndondo wa mulemera, Conférence de presse relative à l'ouverture de la campagne officielle de vulgarisation de, la Commission Vérité et Réconciliation tenue à son siège le lundi 15 novembre 2004.

[50] Article 54 de la Loi n°04/018 du 30 juillet 2004 portant organisation, attributions et fonctionnement de la Commission Vérité et Réconciliation in ***Journal Officiel de la République Démocratique du Congo, Op.Cit.,*** p. 19.

[51] ***Idem***

Tableau n° 03 : Structure des fonds y afférents :

N°	Bailleurs des fonds	Recettes	Dépenses	Structure des dépenses
1	Etat Congolais	52.000.000 FC	52.000.000 FC	- Rémunérations : 26.341.260FC - Frais de Fonctionnement : 4.200.000 FC - Frais installation : 1.872.000 FC - Frais de trois missions : • RSA (octobre 2003) ; Europe (novembre 2003) et Bukavu (décembre 2003)=15.303.900 FC - Titres de voyage:4.282.840 FC
2	NORVEGIAN CHURCH AID (NCA)	44.000 $ US	44.000 $ US	Financement des activités de vulgarisation dans les provinces du Sud Kivu (Bukavu):22.000$us, Nord Kivu (Goma) : 11.000 $us et Province Orientale (Kisangani) : 11.000 $ us. Ces fonds ont été gérés et justifiés par l'ECC/Sud-Kivu

exceptionnellement d'une représentation en raison de son importance démographique tout comme Kinshasa. Pour ce faire, cinq délégations ont été ainsi constituées et envoyées à l'intérieur du pays tel que l'indique le tableau ci-dessous :

Tableau n° 04 : Missions de vulgarisation et contact avec la base

N°	Lieu et date	Délégation
1	BUKAVU - UVIRA - FIZI Janvier 2004	Mgr Dr J.L. KUYE NDONDO . M. Claude OLENGA . M. CHOMA CHOMA . M. Paul –NDONDO
2	GOMA Du 06 au 15 /04/2004	. Mgr Dr J.L KUYE NDONDO . Prof. NGOMA BINDA . M. Victor CHOMACHOMA . M. Paul NDONDO
3	ISIRO Du 01 au 15 /05/2004	. M Claude OLENGA . Mme Vickie BUBOYO . Me ITOLE MAYELE . Mlle Elysée MAGO OZINGO
4	KISANGANI Du 18 au 25/05/2004	Mgr J.L KUYE NDONDO . M. YAKA SWEDY KOSCO . M. MUSIMWA BISHARHWA . M. Victor CHOMACHOMA . M. Dieu donné KALANGWA . M. Emile MISHOMA
5	LUBUMBASHI Du 03 au 17 /09/2004	• Prof NGOMA . M. MBAMBI . M. John KASUKU . M. John MUDEBO . M. Innocent PFUNZI . Mme Fatou DIBALA

Source : Rapport des activités 2003, 2004, 2005 et 2006, pp.

A Kinshasa, cette campagne a pris deux jours, le 17 et le 18 novembre 2004, d'abord dans la salle paroissiale St Joseph de Matonge puis, dans l'enceinte de l'Alliance Franco-Congolaise de Lemba où s'est déroulée la cérémonie de présélection des membres devant représenter la Province-ville de Kinshasa à la Commission[52]. Pour cette entité particulière, il y a lieu de relever l'effervescence qui a suivi le choix des deux commissaires prévus. Les élections organisées à cet effet ont retenu deux présélectionnés en ordre d'importance, à savoir, le Prof. Nsaman – O – Lutu des Sociétés savantes et Me Nicole Mwaka de Toges noires, tous membres de la Société Civile de Kinshasa.

Figure n°4 : Les 2 candidats commissaires présélectionnés pour Kinshasa

De gauche à droite, Me Nicole Mwaka et le Prof. Nsaman – O – Lutu, deux élus de la Ville - province de Kinshasa

Dans la sélection au niveau du Bureau, on a fait tomber celui-ci car il ne plaisait pas à certains membres du Bureau pour le remplacer par le Pasteur Kuyala, jugé plus favorable, mais qui venait en troisième position aux élections. La même situation a été aussi constatée dans la Province Orientale où M. Frédéric Bolendjele W'afi, qui, sur décision du Bureau à

[52] Correspondance n° 187/CAB/Commission Vérité et Réconciliation/2004 du Président de la Commission Vérité et Réconciliation, Mgr Kuye Ndondo concernant la vulgarisation et la sélection des commissaires, Kinshasa, le 15 novembre 2004.

Kinshasa, a pris la place des MM. Kitenge et Galengi, respectivement premier et deuxième aux élections organisées depuis Kisangani.

Si ces deux derniers ont été définitivement tenus hors de la C.V.R., le Prof. Nsaman a eu la vie sauve grâce à son action menée auprès de l'Assemblée Nationale de la transition qui a décidé de sa réhabilitation après recours. Il faut dire que ce remue-ménage au sein du Bureau a été prémédité et rentre dans son ambition de pouvoir politiser cette Commission, Commission dans laquelle le langage de belligérance s'y prêtait harmonieusement en dépit de quelques dissensions mineures. Malheureusement Kitenge et Nsaman particulièrement étaient bien connus des membres du Bureau pour leurs prises de position et leur activisme dans la Société Civile qui leur ont valu quelque crédit aux yeux de la Communauté Internationale.

Nsaman par exemple avait déjà évolué dans ce Bureau comme Conseiller Politique. Depuis le début, il a été l'un sinon pas le pionnier, l'artisan principal du processus de mise en marche de la Commission au point qu'il en avait la maîtrise, parfois mieux que la plupart de ses membres qui ne l'ont rejoint que très tard. Sa mutation comme commissaire n'a guère plu au Bureau de la Commission. Ceci sera révélé plus tard. En effet, le Bureau avait déjà une image arrêtée selon laquelle Nsaman n'était qu'un personnage ''folklorique, fourbe, radicalement ancré dans des intrigues sordides, des pratiques immorales et indignes d'une personnalité capable de contribuer à la crédibilité des institutions''[53].

Pour s'en convaincre, il s'était tenu, le 29 novembre 2004 au Centre d'accueil kimbanguiste, quelques jours après la désignation des commissaires qu'on attendait arriver à Kinshasa

---

[53] Ngoma Binda, sa lettre n°001/2èVP/Commission Vérité et Réconciliation/2005 du 11 janvier 2005 adressé à Nsaman avec copies aux membres du Bureau au sujet du Rapport sur l'atelier tenu au Centre d'Accueil Kimbanguiste en rapport avec le Règlement Intérieur.

pour leur prestation de serment[54] avant leur entrée en fonction conformément aux prescrits légaux.

Un atelier sur le Règlement Intérieur a été initié par le Bureau qui tenait ainsi à se tailler une longueur d'avance en mettant les autres membres devant un fait accompli. Ironie du sort, Nsaman, ce potentiel commissaire parce qu'élu, en fut l'organisateur en sa qualité de Conseiller politique. Sur fond des suspicions financières, le Bureau l'a obligé à lui faire le rapport financier de cet atelier. Le faisant, Nsaman qui se sentait au bord de la noyade a mis en cause certains membres du Bureau qui aurait indûment touché de l'argent destiné au séminaire dont le 2ème Vice-Président, le Prof. Ngoma Binda[55].

Irrité, le Bureau, par l'entremise de son deuxième Vice-Président, Ngoma Binda, cet autre Professeur de la même université que Nsaman, n'a pas hésité à réagir avec la dernière énergie telle qu'on peut le lire dans sa lettre n°001/B2èVP/C.V.R./2005. Lorsqu'on observe la tournure qu'a prise le ''dossier Nsaman'' et quelque vraie que soient les griefs portées contre ce dernier, la réaction du Bureau tendait à confirmer la pensée contenue dans l'adage : ''qui veut noyer son chien, l'accuse de rage'' et cela justifierait le jugement de l'Assemblée Nationale qui a réhabilité Nsaman dans sa qualité de commissaire. Le tableau ci-contre reprend les différentes équipes ayant été commises à la présélection des commissaires.

Somme toute, il faut le reconnaître à la faveur de Ngoma Binda que le choix de *Commissaires* a été fait dans la précipitation, sans grand soin et suivant des critères tout à fait lâches, complaisants : les ¾ d'entre eux ne possédaient ni les qualités intellectuelles, ni la compétence professionnelle requises pour un travail de si haut niveau et dans un domaine

---

54 Les commissaires et les membres du Bureau ont effectivement prêté leur serment devant la Cour Suprême de Justice, après présentation au Parlement, le 13 décembre 2004. On peut donc conclure que c'est à cette date qu'ils sont considérés juridiquement comme faisant partie de la Commission.

55 Lire Rapport de l'Atelier sur le Règlement Intérieur de la Commission Vérité et Réconciliation du 29 novembre 2004 dressé par son organisateur le Prof. Nsaman, alors Conseiller Politique, spécialement en son point 2 de la page 5.

d'une aussi grande délicatesse. En termes d'études faites, dit-il en illustration, certains membres n'avaient pas un équivalent de diplôme d'études secondaires ; plusieurs n'ont pas fait d'études universitaires achevées et n'ont pas fréquenté d'institutions universitaires sérieuses et de bonne qualité ; et, provenant des professions très éloignées des tâches dévolues à une vraie C.V.R., certains d'entre eux se sont révélés radicalement incapables de comprendre la langage juridique contenu dans les instruments juridiques de la Commission.

En effet, ce qui vient d'être noté au sujet des commissaires l'était aussi pour les membres du Bureau car, conclut Ngoma Binda, le plus grand nombre des membres de la C.V.R. Congolaise se sont révélés, à la tâche, bien en dessous de la hauteur nécessaire. Et c'est sans doute la gêne et le ridicule que présageait cette incompétence doublé d'un manque d'instruction nécessaire qui a accentué l'absentéisme chronique dont ont fait montre la majorité des membres de la commission. Certains membres ont travaillé pas plus de 90 jours effectifs durant plus de trois ans d'existence de la Commission[56].

Ci-dessous, les résultats par délégation réalisés par cette activité.

Tableau n° 06 : Mission de présélection des 21 autres membres de la C.V.R.

N°	Lieu et date	Délégués	Résultats
01	MBANDAKA 04 - 07/11/2004	M. Partiel MUSIMWA M. AMANI BUROKO	4
02	GBADOLITE 08 - 11/11/2004	M Partiel MUSIMWA M AMANI BUROKO	4
03	BUKAVU Du 04 au 07/11/2004	M Claude OLENGA Mlle Eulalie SAFI MULAMBA	7
04	GOMA Du 08 au 11/11/2004	M Claude OLENGA Mlle Eulalie SAFI MULAMBA	5

[56] P. Ngoma Binda, ***Op. Cit.***, p. 62.

05	KISANGANI Du 04 au 07/11/2004	Mme Vickie BUBOYO Elysée MAGO	8
06	BUNIA Du 08 au 11/11/2004	Mme Vickie BUBOYO Elysée MAGO	1
07	MATADI Du 04 au 08/11/2004	Prof. NGOMA BINDA M. MBAMBI	8
08	MBUJI-MAYI Du 11 au 15/11/2004	Mme Marie-Rose MIKA Abbé Augustin MADIMBA	8
09	KANANGA Du 15 au 22/11/2004	Mme Marie-Rose MIKA Abbé Augustin MADIMBA	8
10	KINDU Du 06 au 11/11/2004	M. YAKA SWEDY KOSCO M. Dieudonné KALANGWA	8
11	KINSHASA Du 11 au 16/11/2004	Mgr Jean-Luc KUYENDONDO Me Dieudonné KYALANGALILWA M. Victor CHOMACHOMA M. Paul NDONDO	8
12	KIKWIT Du 11 au 16/11/2004	M. Partiel MUSIMWA M. AMANI BUROKO	8
13	LUBUMBASHI Du 11 au 16/11/2004	M. Benjamin SERUKIZA	8

Source : Rapport des activités 2003, 2004, 2005 et 2006, pp.

Au total, 85 candidats au poste de commissaire avaient été sélectionnés sur l'ensemble des provinces du pays. Le bureau en a tiré 13 qui venaient s'adjoindre à elle pour conduire la Commission. Du point de vue de la compétence cependant, martèle Ngoma Binda : ‘‘objectivement parlant, la Commission n’a pas compté plus de cinq personnes sur 21 qui auraient pu être jugée réellement compétentes, crédibles et bien à leur place, ayant une grande capacité de hauteur morale, de sagesse, de pensée rigoureuse, de jugement bien pesé et d’intégrité’’[57]. Des 08 femmes membres de la Commission, Ngoma Binda insinue que ‘‘pas plus de deux d’entre elles pouvaient se montrer compétentes et une seule était plus au moins qualifiée’’[58].

b) Missions de pacification et de cohabitation

Etant donné que la signature de l’Accord Global et Inclusif n’impliquait pas automatiquement la pacification du pays, quelques poches de résistance, voire quelques factions rebelles ont continué et continuent encore à faire perdurer l’insécurité notamment dans les nord, le Sud Kivu, le Nord Katanga et l’Ituri (Province Orientale). Le Dialogue Inter-Congolais l’ayant pressenti, une mission spécifique de pacification a été assignée à la C.V.R. et c’est à cette tâche que la Commission a été affectée.

Dans ce cadre notamment, la C.V.R. a entrepris sa mission de pacification qui l’a conduit à Minimbwe à la suite de la Guerre menée contre les Forces Armées de la R.D. Congo par Laurent Nkundabatware et Jules Mutebutshi, à Bukavu au mois de mai 2004. En effet, alors que le Rassemblement Congolais pour la Démocratie (RCD) auquel ils appartenaient prenait une part active dans les institutions de la transition mis en place par le processus de paix de l’Accord Global et Inclusif, ces deux officiers militaires choisirent de poursuivre la rébellion sous prétexte des massacres perpétrés contre leurs frères, les ‘‘Banyamulenge’’ dont le bastion se trouve dans les hauts plateaux de Minembwe, territoire de Fizi au Sud Kivu.

Cette mission a rencontré des personnalités Banyamulenge comme le Colonel Masunzu, Zachée Rugabisha,

---

[57] P. Ngoma Binda, ***Op. Cit.***, p. 63 - 64.
[58] Idem

Kamanzi Kibibi, Sébastien Sebakanura des Forces de Résistance Congolaises (FRC) établies à Minembwe, ceux-ci ont promis de faire la paix en qualifiant la bande à Nkunda de collabo des Rwandais, c'est-à-dire, ennemis du peuple Congolais[59].

Une conférence de presse a été tenue en appui à cette mission au Grand Hôtel Kinshasa au retour de la délégation le 29 juin 2004. Forte de cette expérience, la C.V.R. décida d'étendre le processus de pacification à Uvira et Kalemie en plus de Bukavu (Sud Kivu et Nord Katanga)[60]. Le tableau ci-dessous en donne les indications majeures.

Tableau n° 07 : Missions de pacification et de cohabitation interethnique

N°	Lieu et date	Délégués	Résultats obtenus
01	BUKAVU Du 26 au 29/06/2004	. Mgr JL KUYE NDONDO . M. Benjamin SERUKIZA . M. Victor CHOMACHOMA . M. Paul NDONDO . M. Daniel MUNYAKAZI	Pacification et apaisement des esprits à la suite de l'occupation de la ville de Bukavu par les mutins conduits par le Général Nkundabatware et le Colon. Mutebutsi du 26 au 29 /05/2004.

[59] Lire Allocution prononcé par le Conseil Supérieur des FRC au meeting populaire organisé par la délégation de la Commission Vérité et Réconciliation à Minembwe le 26 juin 2004 in Commission Vérité et Réconciliation, ***Rapport de mission*** officiel à Minembwe sur la gestion de la cohabitation pacifique et durable entre ethnie et communautés du Sud Kivu

[60] Lire les détails dans le ***Rapport*** de mission officielle au Sud Kivu et Nord Katanga sur la gestion de la cohabitation pacifique entre ethnies et communauté du 12 au 31 juillet 2004.

02	MINEMBWE Du 20 au 30/06/2004	. Mgr J.L.KUYE-NDONDO . M. YAKA SWEDI KOSCO . M. Victor CHOMACHOMA	Apaisement des esprits et des tensions
03	BUKAVU - UVIRA – KALEMIE DU 14 au 27 /07/2004	. Mgr J-L KUYE-NDONDO . M. YAKA SWEDY . M. MUSIMWA BISHARWA . Mme Vickie BUBOYO . M. KALANGWA . Prof NSAMAN-O-LUTU . M. Victor CHOMACHOMA **Personnes ressources** . Hon. MAHANO GEMAHANO . Hon.Enock RUBERANGABO . Mgr. GWAMUHANYA . M. Joseph KILUBA . M. LUMBU MUHIYA . Colonel ASSONY . M. LUBUNGA BYA OMBE . M. Patrick	- Acceptation par les autochtones des réfugiés tutsis venant du Rwanda et de Burundi. - Pacification et rapprochement entre différentes ethnies.

		KYUNGU	
04	BUKAVU - UVIRA - KALEMIE Du 19/09/AU 1/10/2004	. Mgr Dr. JL KUYE NDONDO . M. Dieud. KYALANGALIWA . M. Victor CHOMACHOMA . Francine KAJYAMBERE . KASONGO YA NGONGO . M. Paul NDONDO **Personnes ressources** . Mgr GWAMUHANYA . Capitaine ZAMU . MWAMI NAKAZIBA . KAMANDA WA KAMANDA	- Les réfugiés Congolais du Rwanda et du Burundi sont sensibilisés et sont convaincus de retourner dans leurs pays respectivement.

Source : Rapport des activités 2003, 2004, 2005 et 2006

c) Missions de Renforcement des capacités des membres de la Commission

S'il est des activités qui ont préoccupé la C.V.R. pendant la transition, le renforcement des capacités de ses membres en était une. Néanmoins, si une chose est de vouloir renforcer les capacités, une autre est de savoir avec qui le faire. Car, pour renforcer une capacité, faut-il encore qu'il en existe des rudiments. Ainsi, les capacités renforcées sont appréciées dans la réalisation de l'objectif pour lequel ils ont été renforcés. Or, s'il est prouvé que la C.V.R. est passée à côté de sa cible, il y a lieu de se demander à quoi a servi cette activité. Quoiqu'il en soit, la situation en la matière se présente comme suit en 2OO4 :

Tableau n° 08 : Renforcement des capacités des membres de la Commission

N°	Lieu et date	Délégués	Résultat
01	STRASBOURG (France) Du 03/07/au 7/08/2004	. Mme Rose MIKA	Participation aux travaux de la 35ème session annuelle d'enseignement en Droit International et Droit/homme
02	CAPE TOWN Du 28/10 au 7/11/2004	. Mgr JL KUYE-NDONDO . Mme Vickie BUBOYO . Me D. KYALANGALILWA . Prof NSAMAN-O-LUTU . M. John KASUKU . M. Victor CHOMACHOMA	Préparation d'un séminaire sur le renforcement des capacités des membres de la C.V.R.
03	CAPE TOWN Du 2 au 9 /11/2004	. JL KUYE-NDONDO . M. Benjamin SERUKIZA . Victor CHOMACHOMA . M. John KASUKU	Partage fructueux de l'expérience Sud-africaine aux membres de la délégation

Source : Rapport des activités 2003, 2004, 2005 et 2006, pp.

Tableau n° 09 : Atelier de réflexion sur le cadre légal de la C.V.R.

N°	Lieu et date	Participants	Résultat
01	KINSHASA Du 25 au 28/02/2004	Membres de la C.V.R., Monuc, HCDH, USAID, ICTJ, PNUD, Global Rights, Canada, Grande Bretagne, Belgique, Suisse, Assemblée Nationale, Sénat.	Prise en compte par l'Assemblée Nationale du consensus dégagé par les participants sur l'avant-projet de loi Organique de la C.V.R.

Source : Rapport des activités 2003, 2004, 2005 et 2006, pp.

d) Missions de recherche de financement

Naturellement, toute nouvelle entreprise nécessite la mobilisation des capitaux. Ainsi, il a été reconnu à la C.V.R. la capacité et le droit de rechercher les fonds auprès des partenaires en plus des dotations budgétaires lui allouées par l'Etat Congolais. A cet effet, énonce la loi, ‘‘Les ressources de la C.V.R. sont constituées d'une dotation budgétaire émargeant aux budgets de l'Etat… La C.V.R. peut obtenir des partenaires bilatéraux, multilatéraux et autres donateurs des dons et legs et tout appui nécessaire à son bon fonctionnement. Elle en informe le Gouvernement’’[61].

C'est sur base de ces dispositions légales que la Commission s'est lancée dans l'exercice de recherche des fonds. A chaque fois que ces fonds ont été obtenus, ils sont sous-tendus par un rapport financier qui justifie la manière dont ils ont été utilisés tel qu'on peut l'observer ci-dessous.

[61] Article 51 de la Loi n°04/018 du 30 juillet 2004 portant organisation, attributions et fonctionnement de la Commission Vérité et Réconciliation in ***Journal Officiel de la République Démocratique du Congo, Op.Cit.***, p. 19.

Tableau n° 10 : Mission de recherche de financement

N°	Lieu et date	Délégués	Résultat
01	- Norvège - Suède - Belgique	JL KUYENDONDO YAKA SWEDY Partiel MUSIMWA Vict CHOMACHOMA	Engagement des Partenaires étrangers pour soutenir la C.V.R. (NCA, EED, Eglise Protestante)

Source : Rapport des activités 2003, 2004, 2005 et 2006

Tableau n° 11 : Premier Rapport financier

N°	Institutions Financières	Fonds reçus	Dépenses effectuées	Observations
1	Etat Congolais	340.843.213 FC	340.843.213FC	Ce financement a servi au paiement des salaires, frais de fonctionnement et de missions. La C.V.R. a dépassé de 133.660.936 FC au-delà du plafond 207.182.277 FC prévus.
2	NCA	15.000$	15.000$	Financement des activités de présélection des Commissaires dans toutes les Provinces y compris le District de l'Ituri
3	RODHESIC	10.000$	10.000$	Financement des activités de Vulgarisation et de pacification au Sud-Kivu (Bukavu)
4	CHRISTIAN AID	3.000$	3.000$	Financement de location de la salle lors de la restitution de la mission de la C.V.R. à Minembwe (Sud-Kivu) au Grand Hôtel de Kinshasa.
05	HCDH	15.000$	15.000$	Financement des activités de présélection des Commissaires en Provinces

06	PNUD	5.000$	5.000$	Financement de l'atelier sur l'élaboration du projet de Règlement Intérieur de la C.V.R. au Centre d'Accueil Kimbanguiste de Kinshasa.
TOTAL		340.843.213 FC 48.000 $ US	340.843.213FC 48.000 $ US	

Source : Rapport des activités 2003, 2004, 2005 et 2006.

3°. Exercice 2005

L'année 2005 est une copie conforme de la précédente quant à la nature d'activités réalisées par la Commission. Le tableau synoptique reprend essentiellement des activités de routine, à savoir, les campagnes de vulgarisation, les missions de renforcement des capacités, de recherche des fonds et celles de pacification et de cohabitation pacifique des populations.

La seule innovation notable demeure les séances Plénières. En effet, avec la désignation suivie de la cérémonie de prestation de serment, l'équipe devant diriger la C.V.R. venait de planter les derniers éléments du décor final. Elle devait donc, désormais se mettre au travail et le seul cadre approprié et institué se trouve être la Plénière. Voilà qui a justifié la tenue de cette activité dont les détails sont fournis au point 06 y afférent.

a) Mission de vulgarisation de la C.V.R. à la base

Soutenant que sa réussite dépend, du moins en partie, de l'implication de la population dans son processus, la C.V.R. a fait de la vulgarisation l'une des ses activités les plus permanentes et pourtant elle est restée méconnue du grand public. La loi n'a accordé à la Commission que deux mois pour pouvoir assurer sa vulgarisation et ce, à compter de la date de la promulgation de la loi organique[62]. Partant, la vulgarisation s'arrêtait, au sens légal, au 30 septembre 2004 d'autant plus que la promulgation de la loi en question est intervenue le 30 juillet de la même année. La C.V.R. seule peut justifier cette violation intentionnelle de la loi.

Une chose est cependant vraie et cela compte pour toute son action basée uniquement sur les missions aussi bien à l'extérieur qu'à l'intérieur du pays, cette activité fut juteuse dans la mesure où elle offre l'occasion à ceux qui l'exerçaient

---

[62] Article 54 de la Loi n°04/018 du 30 juillet 2004 portant organisation, attributions et fonctionnement de la Commission Vérité et Réconciliation in ***Journal Officiel de la République Démocratique du Congo, Op.Cit.***, p. 19.

de se faire de l'argent davantage. Et, cela nous rappelle l'attitude dévouée mais parfois conflictuelle des membres de cette institution lorsqu'il s'agissait de faire partie d'une des missions surtout hors du pays. Tous se battaient pour voir son nom figurer sur la liste même si, au finish, on ne s'y rendra pas pourvu qu'on touche les frais y liés[63].

Au cours de l'année sous examen, la Commission a effectué deux missions de vulgarisation : l'une, comme d'habitude au Kivu natal de son Président et l'autre à l'Université de Kinshasa sous forme d'une Conférence initié par les étudiants de cette alma mater, eux aussi en quête de survie[64].

---

[63] Observations faites lors de nos séjours d'enquête de terrain au siège de cette Institution. Cela nous a donné l'impression que tout le travail des membres et personnel de la commission était consacré à la quête des missions et à la lutte pour s'y retrouver.

[64] La pratique est courante dans le milieu associatif des étudiants. Elle consiste à faire ou à organiser des colloques, conférences voir même concert musical à l'université en invitant des personnalités auprès de qui ils peuvent soutirer quelques billets de banque au titre de frais d'organisation. De ce fait, la quête du savoir devient un objectif subordonné par rapport à la quête de survie. Pour s'en convaincre, il ne suffit pas seulement de considérer la quantité et la qualité médiocre des participants à ladite conférence mais le soumettre à l'interrogation pour réaliser qu'il n'ont pas retenu grand-chose sur ce qui est dit tel fut notre constat à l'issu de la fameuse campagne de vulgarisation de la Commission Vérité et Réconciliation à l'Uivesité de Kinshasa.

Tableau n° 12 : Mission de vulgarisation de la C.V.R. à la base

N°	Lieu et date	Délégués	Résultat
01	BUKA-VU Du 26/01 au 02/02/2005	Prof. NGOMA BINDA M. l'Abbé B. MIRINDI M. MBAMBI Conseiller MUDEBO Mme Pascaline NYOTA M. Charles MABOKO M. Innocent PFUTI	- Mission et mandat de la C.V.R. expliqués aux autorités politiques, administratives et militaires, aux confessions religieuses, à la société savante, aux Associations féminines, aux ONGs, à la FEC. - Appropriation de la C.V.R. par la base.
02	UNI-KIN 19 mai 2005	Prof. NGOMA BINDA M. Claude OLENGA Mme Vickie BUBOYO Me Béatrice DIVE Sr Emérence MUKOMA Me Nicole MWAKA Mme M - L. NDUNDU Mme Hon. BAUMA Mme MUNA BOBWA M. l'Abbé B. MIRINDI M. l'Abbé N. SALUMU Prof. NSAMAN C.T. F. BOLENDJELE Le Cabinet	Mission et mandat de la C.V.R. expliqués à plus ou moins 250 membres de l'UNIKIN (Enseignants + étudiants)

Source : Rapport des activités 2003, 2004, 2005 et 2006.

b) Mission de pacification et de cohabitation

En 2005, la commission se saisit des quelques tensions qui ont surgi au pays pour programmer des nouvelles missions qualifiées de pacification et d'appel aux populations à la cohabitation entre elles. Comme d'habitude, les deux Kivu, le Nord Katanga et l'Ituri sont ciblés en priorité mais aussi Mbuji-Mayi dans le Kasaï orientale qui venait d'être contaminé, du 17 au 19 mai, par les événements de Kinshasa en général et plus particulièrement par la prise de position du leader de l'Union pour la Démocratie et le Progrès Social, Mr Etienne Thsisekedi wa Mulumba.

Pour mémoire, la première quinzaine du mois de janvier 2005 a été marquée par des événements susceptibles de compromettre l'espoir de paix et de cohabitation suscité par la transition politique en R.D. Congo alors que la période électorale annonçait déjà ses couleurs. A Kinshasa particulièrement, des discours incendiaires et contradictoires fusent des états-majors politiques au nombre desquels on note :

- l'interview du Président de la Commission Electorale Indépendante (Commission Electorale Indépendante), M. l'Abbé Apollinaire Malumalu Muholongu sur la Radio France Internationale (RFI) annonçant la prolongation imminente de la transition à cause du retard connu dans l'organisation des élections ;
- les déclarations des certains leaders (demeurés hors des institutions ou déchus de leurs fonctions de Ministre) opposés à l'hypothèse de la prolongation dont Etienne Tshisekedi, Antoine Gizenga pour le premier cas, Diomi Ndongala et Joseph Olengakoy pour le second cas, respectivement leaders de l'Union pour la Démocratie et la Progrès Social (UDPS), le Parti Lumumbiste Unifié (PALU), la Démocratie Chrétienne (DC) et les Forces Novatrices pour l'Union et la Solidarité (FONUS) ;
- le climat de suspicion entretenu au sein du Mouvement de Libération du Congo (MLC) à l'égard du Parti du Peuple pour Reconstruction et le Développement (PPRD) et vice versa ;

- la querelle au sujet de la suspension du Président de la Commission Ethique et de Lutte contre la corruption par ses pairs ;
- Etc.

Ces événements ayant semé la panique et a provoqué les tumultes manifestement lundi 10 et vendredi 14 janvier 2004 à Kinshasa ont embrasé les provinces avec des effets particuliers dans la province du Kasaï Orientale.

En effet, Mbuji-Mayi venait d'être informé de la montée de tollé à Kinshasa au sujet de la prolongation de la transition. Les positions des différents partis politiques sont exprimées soit contre, soit encore pour la prolongation. Celle de l'Union pour la Démocratie et le Progrès Social par l'entreprise de son leader maximo, M. Thisekedi, tenu hors des institutions de la transition est plus explicite : pas de prolongation sinon le peuple se prend en charge. Ce mot d'ordre est compris à la lettre à Mbuji-Mayi, son fief, où les militants de l'Union pour la Démocratie et le Progrès Social, profitant d'une rupture en eau potable intervenue dans la ville et qui a provoqué des tensions le 13 mai, descendent dans la rue, saccageant tout à leur passage et plus particulièrement les sièges des partis au pouvoir dont le Parti du Peuple pour la Reconstruction et le Développement, le Mouvement de Libération du Congo, le Rassemblement Congolais pour la Démocratie (RCD/KML). L'accrochage avec la police fait officiellement deux morts et cinq blessés[65]. Voilà qui a justifié la mission d'apaisement des esprits particulièrement au Kasaï Oriental. Ci-dessous, le condensé de toutes ces missions.

---

[65] Dans le Rapport narratif de la mission officielle de la commission vérité et réconciliation dans la province du Kasaï Oriental : consolation et exhortation à la paix aux fils et filles du Kasaï Oriental en général et de la ville de Mbuji-Mayi en particulier, effectuée du dimanche 29 mai au jeudi 02 juin 2005.

Tableau n° 13 : Mission d'apaisement et d'harmonisation des vues auprès des leaders politiques

N°	Lieu et date	Objet	Bénéficiaires
01	KINSHASA Du 15 /12/2004 au 26/02/2005	Foyers de tension : - à Kinshasa à la suite de la déclaration du Président de la C.E.I. sur une éventuelle prolongation de la période de transition ; - à la CELC où les membres de cette Commission ont suspendu leur Président.	- MLC, PPRD, UDPS, FONUS, CELC.
	GOMA Même période	Foyers de tension au Nord-Kivu à la suite des affrontements de Kanyabayonga	Relance du barza intercommunautaire

Source : Rapport des activités 2003, 2004, 2005 et 2006, pp.

Tableau n° 14 : Mission de pacification et de cohabitation interethniques

N°	Lieu et date	Délégués	Résultat
01	GOMA (Nord Kivu) Du 26/1/ - 2/2/2005	Mgr J. L KUYE-NDONDO M. Benjamin SERUKIZA M. Claude OLENGA Mme Vickie BUBOYO Mme Honorine BAUMA M. l'Abbé J.P MULOMBA Mme Béatrice DIVE Prof. Médard KAYAMBA M. Nicole MWAKA C.T Frédéric BOLENDJELE Victor CHOMACHOMA MUKUNDE BANGALA M. Daniel MUNYAKAZI	Les communautés opposées du Nord-Kivu ont accepté de relancer les activités du barza intercommunautaire en vue de la cohabitation pacifique pour une paix durable.
02	BUNIA (ITURI) Du 23 au 31/3/2005	Mgr JL KUYE-NDONDO M. Claude OLENGA	Les Communautés de l'Ituri, victimes des exactions des groupes armés, ont accepté

		C.T Frédéric BOLENDJELE Mme Béatrice DIVE Me D. KYALANGALILWA Victor CHOMACHOMA M. Benjamin ALANDA MUKUNDE MANGALA Mme FATOU DIBALA	de dialoguer ; elles se sont engagées à sensibiliser leurs membres et à les appeler à la tolérance pour une paix durable.
03	MBUJI-MAYI Du 29/5 au 5/6/2005	Mgr JL KUYE-NDONDO Prof. NGOMA BINDA M. Claude OLENGA Mme Vickie BUBOYO M. l'Abbé JP MULOMBA Sr Emérance MUKOMA Me MUANDA VUIDI M. FAKALE KITUVWE Mme FATOU DIBALA	Création d'un cadre de concertation par les Partis Politiques opérant à Mbuji-Mayi, pour discuter des problèmes qui se posent dans la province ; Engagement des Partis Politiques à assurer à leurs bases l'éducation à la culture de la paix; Renoncement par les Partis Politiques à tout recours à la violence pour résoudre les conflits.
04	NORD-KIVU(Goma) Du 21 au 28/10/2005	Mme Vickie BUBOYO Me Philippe MUANDA Sr Emérance MUKOMA Prof MAZIAMBO	Engagement des communautés de base à transcender toutes les barrières morphologiques pour consolider la cohabitation pacifique.

05	SUD KIVU Du 21/10 au 1/11/2005	M. YAKA SWEDY Kosco C.T Frederick BOLENDJELE Mme M - L NDUNDU Mme Honorine BAUMA M. Corneille MUBOYAYI	Installation du Comité Provincial C.V.R. Sud-Kivu ; Comité Local C.V.R. Uvira; Les populations de Bakavu, Uvira, Makobola, Baraka Mboko et Fizi sensibilisées à la cohabitation pacifique ; Accueil et réconfort moral des réfugiés Congolais venus de la Tanzanie au centre de transit Musimbakye à Baraka.
06	BUNIA Du 26 au 30/10/2005.	M. Benjamin SERUKIZA Prof NSAMAN-O-LUTU Mme Béatrice DIVE	Implication des leaders dans la résolution des conflits en vulgarisant le message de paix à leurs bases respectives et en organisant les Barza intercommunautaires notamment entre Hema et Lendu avec l'appui de la C.V.R. Installation du Comité C.V.R. Ituri.
07	KALEMIE Du 29/11/au 06/12/2005	M.Vickie BUBOYO M. l'Abbé B. MIRINDI Prof Médard KAYAMBA Abbé Claude KALABA Marie Jeanne MBUYU	Engagement des Communautés à répercuter le message de paix à leurs bases respectives; Installation du Comité provincial C.V.R. Katanga ; Sélection des membres du Comité local C.V.R. Kalemie;

		M. Philémon SONGHILA, Experts PNUD	Installation Comité local C.V.R. Kalemie, le Comité C.V.R. Katanga a été représenté par son Président, Abbé KALABA et son 2é Rapporteur adjoint, Mme MBUYU
08	KINDU Du 1er au 09/12/2005	Prof NGOMA BINDA Abbé Nestor SALUMU Mme M - L NDUNDU	Installation du Comité Provincial de la C.V.R. Maniema ; Etudiants sensibilisés pour leur implication dans la tenue pacifique des élections ; Populations formées pour la consolidation de la paix
09	KISANGANI du 26/11 au 03/12/2005	M. Claude OLENGA Me Nicole MWAKA Prof MAZIAMBO, expert PNUD	Communauté de base sensibilisée et conscientisée à la cohabitation pacifique ; Engagement des communautés de base à soutenir le processus électoral ; Installation du Comité Provincial C.V.R. Kisangani.
10	BUKAVU, MINEMBWE, MURAMVYA, UVIRA, BARAKA, FIZI, LUVUNGI et	Mgr J-L KUYE-NDONDO M. Benjamin SERUKIZA M. YAKA SWEDY KOSCO Me Philippe MUANDA Sr Emérance MUKOMA	A Minembwe et à Muramvia : Réconciliation des militaires qui, jadis étaient ennemis. A Uvira, Baraka, Fizi, Luvungi et Lubarika : rétablissement d'un climat serein entre Commandants bataillon

	LUBARIKA Du 23/11 - 30/12/2005	Mme MUNA BOBWA Victor CHOMACHOMA Mme FATOU DIBALA MANGALA MUKUNDE M. Daniel MUNYAKAZI M. MULAMBA ABEDI	en exercice d'une part et entre ceux-ci et les ex-Commandants des brigades dissoutes d'autre part (A cause de sa pertinence, cette mission a duré 37 jours au lieu de 10 jours)

Source : Rapport des activités 2003, 2004, 2005 et 2006, pp.

c) Mission de renforcement des capacités

En 2005, en dépit du fait que la Commission est convaincue de l'impossibilité de réaliser ses missions et son action salvatrices pendant la période de la transition politique suivant une configuration autre celle-ci ***politisée*** dès le départ[66], ses membres n'ont eu pour préoccupation urgente qu'effectuer les missions, et curieusement celles de renforcement des capacités comme on peut le réaliser à travers la figure suivante :

[66] Au mois d'avril 2004 déjà, la Commission Vérité et Réconciliation, par sa correspondance n°079/BP/Commission Vérité et Réconciliation/2005 du 04 avril 2004 relative à l'insertion prolongation de son mandat dans le projet de constitution de la 3ème République, la Commission Vérité et Réconciliation sollicitant une réunion d'argumentation avec les deux chambres du Parlement motive sa requête de prolongation par la ''nature même de la Commission, par les aléas temporels, le souhait de la Nation, l'orientation et la réalité politique de ce moment''. Mais plutôt, en février 2004, à l'issu d'un Atelier national tenu au stade des martyrs, les participants, inspirés pas l'expérience d'autres Commission Vérité et Réconciliation, avaient recommandé que la Commission Vérité et Réconciliation congolaise soit instituée après la transition politique, question de garantir son bon fonctionnement en l'épargnant des tous les aléas nuisibles.

Figure n°05 : Vue partielle des membres de la C.V.R. lors d'un séminaire de renforcement des capacités

En effet, outre des autres avantages que procurent les missions en général, le renforcement des capacités présage le souci qui anime les membres de la commission à se reconduire ensemble avec l'institution. Car, en le faisant, ils s'octroyaient d'office une expertise potentielle et une certaine importance susceptible d'obliger la nouvelle formule à les employer.

Ainsi, les mêmes causes produisant les mêmes effets, la Commission n'aura jamais réalisé ses objectifs et si jamais leur souhait et leur détermination ne se réalisaient, le pays aura perdu pour avoir institué une institution budgétivore telle que l'a jugée l'opinion populaire.

Cette expertise, ils l'ont recherchée aussi bien au pays qu'à l'étranger. Dès lors, sans chercher à renforcer les capacités dans les techniques de recherche de la vérité (première importante tâche de la commission), ils ont été formés à la tâche subséquente de prévention, résolution des conflits et d'éducation à la culture de la paix comme on peut l'observer dans les synthèses que rendent les tableaux suivants :

Tableau n° 15 : Mission de renforcement des capacités.

N°	Lieu et date	Délégué	Résultat
01	CAPE TOWN (RSA) Du 06 au 13/03/2005	- 21 membres de la plénière - 3 membres cabinet	Les membres de la C.V.R. de la R.D. Congo sont formés à la gestion et au fonctionnement d'une C.V.R. auprès de l'Institut pour la Justice et la Réconciliation

Source : Rapport des activités 2003, 2004, 2005 et 2006, pp.

Tableau n° 16 : Séminaire - Atelier

N°	Lieu et date	Délégués	Résultat
01	KINSHASA (Centre Kimbanguiste) Du 28/7 au 02/8/2005	- 21 membres plénière - 22 délégués Provinces. - 7 délégués de la ville Province de Kinshasa	les membres de la C.V.R. sont formés aux techniques de prévention, de résolution des conflits, d'éducation à la culture de la paix.
02	KINSHASA (Centre Lasallien) Du 31/10 - 05/11/ 2005	- 21 membres pléniers - 22 délégués provinciaux - 7 membres du Comité Provincial/Ville Kinshasa - Personnel C.V.R.	les membres de la C.V.R. sont formés à l'enregistrement des plaintes, à la gestion de l'information et des archives.
03	KINSHASA (Centre Lasallien)	- 21 membres pléniers - 22 délégués	- les membres de la C.V.R. sont formés aux

	Du 07 au 11/11/2005	provinces - 7 membres du Comité Provincial/Ville Kinshasa - le Cabinet	techniques de prévention, de résolution des conflits, d'éducation à la culture de la paix. (suite de l'Atelier du 28 juillet au 02 août)

Tableau n° 17 : Deuxième Rapport financier

N°	Provenance	Recettes	Dépenses	Observations
01	Etat Congolais	257.182.277 FC	257.182.277 FC	Emoluments, salaires du personnel, fonctionnement, frais de mission
02	NCA	23.000 $	23.000 $	Financement d'une partie de la formation des membres de la C.V.R. en Afrique du Sud
03	NCA	5.000 $	5.000 $	Financement de la mission de pacification à Mbuji-Mayi.
04	NCA	42.508 $	42.508 $	Financement du séminaire de renforcement des capacités des membres de la C.V.R. au Centre Lassalien de Kinshasa.

04	PNUD	68.052 \$ 48.754 \$	68.052 \$ 48.754 \$	Financement des Campagnes de Pacification Financement des ateliers de Formation (Centre d'accueil Kimbanguiste et Centre Lassalien à Kinshasa)
TOTAL		**257.182.277 FC 187.314\$**	**257.182.277 FC 187.314\$**	

Source : Rapport des activités 2003, 2004, 2005 et 2006.

d) Missions de recherche de financement

Comme l'on s'y attendait, l'argent a été cherché et obtenu pour assouvir des ambitions matérielles au nombre desquelles il faut toujours inclure les rémunérations et les divers frais de fonctionnement. L'Etat Congolais et quelques partenaires y ont contribué. Le tableau suivant en démontrera les flux.

e) Sessions de l'Assemblée Plénière

En plus des réunions ordinaires voire extraordinaires du Bureau et autres structures de la Commission, l'exercice 2005 apporte des innovations à l'activité de cette dernière par des séances plénières auxquelles nous avons fait allusion dans les lignes précédentes. Depuis le 13 décembre 2004, date de la prestation de serment par ses membres devant la Cour Suprême de Justice, l'Assemblée plénière a tenu **cinq sessions** ordinaires.

Si les trois sessions suivantes n'ont pas eu une audience particulière car portant sur des matières sans enjeux particuliers[67], la première a été de tous les enjeux dans la mesure où elle prédéterminait la suite de l'action des délégués et leurs composantes au sein de la Commission en termes d'avantages mais de sécurité quant à d'éventuelles poursuites dont ils feraient l'objet de la part de la Commission. Cette lutte déjà manifeste mais c'est moins ; au moment de la rédaction de l'avant-projet du Règlement Intérieur entre les membres du Bureau. La lutte a éclaté lors de son examen et son adoption à la Plénière.

La première session, pour ainsi dire, s'est occupée de l'examen et de l'adoption du projet de Règlement Intérieur préparé par le Bureau de la Commission. Des séances des discussions houleuses l'ont caractérisée. Rappelons qu'un semblant d'opposition était perceptible à la Plénière entre d'une part, les membres du Bureau composé des délégués mandatés pour défendre leurs composantes et entités respectives et d'autre part, les commissaires provenant de la société civile.

Bien qu'en amont, les délégués mandatés croyaient absorber cette opposition en s'imposant dans le choix des commissaires. Le maintien de Nsaman comme commissaire informé des intrigues du Bureau notamment dans la conception du Règlement Intérieur dont il a été l'un des artisans, a servi de déclic à l'éveil des autres commissaires qui ont cherché en vain de revendiquer des droits égaux à leurs collègues du Bureaux.

Séparés en fin de compte par ceux qui les avaient choisi de leur gré, les commissaires n'ont pas réussi à bénéficier ni d'un salaire égal, ni de la solidarité de collaborateurs, moins encore des voitures... Par contre, les membres du Bureau se sont octroyés d'énormes avantages. En matière des émoluments par exemple, ils ont obtenu une double rémunération : en tant que membre du Bureau d'abord et comme membre de la

[67] Le tableau ad hoc démontre que ces trois activités n'ont conduit à aucun résultat. Leurs activités ont été basées tantôt sur la mise des structures qui n'ont jamais vécues (commissions spéciales, départements, comités provinciaux et locaux..), tantôt sur la préparation d'un séminaire de renforcement des capacités stériles, tantôt encore sur l'adoption d'un budget dont l'argent ne servira qu'à eux-mêmes.

Plénière ensuite. Ci-dessous, le condensé des sessions plénières :

Tableau 18 : Sessions de l'Assemblée Plénière

N°	DATE	OBJET	RESULTAT	OBSERVATIONS
01	Du mercredi 15 /12/2004 au samedi 26/02/ 2005	Examen et adoption du projet du R I de la C.V.R.	la CSJ a jugé ce RI conforme à la Constitution de la Transition en date du 1er avril 2005.	la C.V.R. sollicite auprès du Parlement la prolongation de son mandat
02	Du lundi 13 au vendredi 17 juin 2005.	- désignation des animateurs des Commissions Spéciales et des Sections ; - définition des fonctions des Comites provinciaux ; - détermination des critères d'installation des Comités Provinciaux et Locaux.		Constat des difficultés qui menacent la C.V.R.
03	Du lundi 11 au jeudi 21/7/2005	préparatifs de l'atelier de renforcement des capacités des membres de la C.V.R. en techniques de		

		résolution de conflits, la cohabitation pacifique et l'éducation à la culture de la paix. - Examen de la procédure d'installation des Comités Provinciaux.		
04	du jeudi 15 /09/2005 au 20/10/ 2005.	- adopter les prévisions budgétaires 2006 ; - constituer et envoyer des délégations à travers le pays pour une campagne de pacification et l'installation de huit bureaux provinciaux. Pendant cette session, la C.V.R. a publié une déclaration sur les massacres des populations congolaises dans les territoires de Kabare, de Kalehe et de Walungu en province du Sud Kivu.		

Source : Rapport des activités 2003, 2004, 2005 et 2006.

4°. Exercice 2006

Une seule activité programmée a eu lieu au courant de cette année, à savoir la Plénière consacrée à l'adoption du rapport final des activités de la Commission Plénière tenue de jeudi 12 au vendredi 27/01/ 2006. Dans le pays, cette année est une année électorale. Les élections générales marquent la fin de la transition et de ses diverses institutions dont la C.V.R.

Cette année sera aussi celle qui démontrera les limites de la C.V.R. Car, ne faisant certainement pas grand cas de ce qui devait rassurer ses partenaires financiers, la Commission sera dépourvue de financement. Dans sa recherche de la survie financière, elle est même devenue l'appendice de la Commission Electorale Indépendante à laquelle elle tenta en vain d'arracher l'opération de médiation des conflits (panel de médiation) déjà investie par l'Afrique du Sud à travers l'EISA. Membres du Bureau, Commissaires et Personnel de la C.V.R. ont abandonné leurs fonctions respectives et se sont empressés à se faire former en la matière. Mais l'EISA leur a coupé l'herbe sous le pied. Ce fut l'un des moments le plus pénible de survie à la Commission. Seule la déléguée du MLC s'est tirée d'affaire en devenant l'un des vice-présidents de la Commission Electorale Indépendante en remplacement de l'un de leurs camarades, vice-président à la CEI, qui venait de démissionner. Dans ce climat morose, la C.V.R. n'est pas parvenu même à présenter un rapport final de son mandat de trois ans.

Chapitre troisième

COMMISSION VERITE ET RECONCILIATION PENDANT LA TRANSITION : ENTRE ECHEC ET INOPPORTUNITE

Ce chapitre a l'ambition de rendre compte du résultat auquel la C.V.R. a abouti après près de trois ans de son action pendant la transition. D'emblée, on serait tenté de se prononcer sur l'échec ou la réussite de cette action surtout lorsqu'on s'en tient à l'opinion populaire qui la considère comme ayant échoué son mandat.

Cette opinion onde son argumentation, peut-être avec raison, notamment sur le fait que non seulement rien n'a été amorcé concernant la connaissance de la vérité historique comme devoir de mémoire mais également aucune tentative de réconciliation ne pouvait être envisageable, parce que la C.V.R. elle-même a été l'une des institutions de la transition la moins connue de la population voire celle de Kinshasa, et ce, malgré toutes les campagnes de vulgarisation qui ont constitué toute son action. Cette institution a englouti d'énormes moyens financiers qu'elle a mis à la disposition de ses membres. Mais ces moyens financiers ont été utilisés pour payer un personnel pléthorique recruté pour la grande partie parmi les anciens participants au dialogue inter-congolais de Sun City qui se sont ainsi octroyé un « job » bien rémunéré.

L'autre opinion complémentaire est celle qui avait préalablement estimé l'action de la C.V.R. inopportune pendant la transition politique. Cette opinion assez réfléchie est celle qui s'est dégagée - peu importe les agendas cachés des uns et des autres - à l'atelier national y relatif tenu au stade des Martyrs en février 2004. Tant qu'un certain nombre de préalables (défis) n'étaient pas observés, la mise en œuvre de la C.V.R. pour son fonctionnement harmonieux nécessitait d'être remise après la transition a-t-on pensé à juste titre, car, la suite des événements l'a si bien justifié.

Mais comment a-t-on dû contourner les dispositions ad hoc édictées par l'Accord Global et Inclusif, traduites par la constitution de la transition et relayées par la loi organique de la C.V.R. ? Tel fut le plus grand embarras qui, peut-être, a favorisé le fonctionnement, de facto, de cette commission ayant conduit à un résultat plus que mitigé.

Plusieurs aléas susceptibles d'être réduits à deux militaient en faveur de cette thèse, à savoir, le contexte politique tant national qu'international et la modicité ou la mauvaise gestion des ressources mises à la disposition de la Commission ; un accent particulier sera mis sur la ressource humaine considérée comme la ressource des ressources.

1. Contexte politique national et international

1.1. Contexte politique national

En dépit de la main invisible de la Communauté Internationale qui a pesé sans aucun doute sur l'Accord Global et Inclusif, cela n'enlevait rien à cet accord issu du Dialogue Inter-Congolais tout son caractère national. Ce sont les forces vives congolaises réunies en Afrique du Sud qui l'on adopté. C'est encore ellés qui se sont partagé le pouvoir pour l'exercer pendant la transition. Ce sont donc ces Congolais, principalement ceux regroupés en factions rebelles, ennemis d'hier et ayant les mains rouges de sang de leurs compatriotes qui se sont octroyé les prérogatives de réguler la vie nationale pendant toute la transition. Et tout a été donc indiqué pour que l'un d'entre eux gagne les élections qu'ils auront organisées à leur avantage.

En venant à Kinshasa, ces violeurs des droits humains, ces auteurs des crimes et atrocités de tout genre n'ont pas totalement désarmé et le dialogue n'a pas arrêté automatiquement les hostilités dont les ficelles furent d'ailleurs tirés de l'extérieur. Les cas les plus en vue sont ceux de Laurent Nkundabatware et Jules Mutebutsi, Thomas Lubanga, Karim et autres. Tant que persistent et continuent les rébellions, la démilitarisation et la pacification du pays demeureront des chimères et seront remises aux calendes des grecs.

Somme toute, la R.D. Congo croit être sortie du conflit sans l'être effectivement. La C.V.R. est justement créée et doit évoluer dans ce climat d'incertitudes politiques sous-tendues par des violences continues, particulièrement dans les provinces de l'Est du pays.

En face de cette évidence donc, on a pensé mettre sur pied une commission qui se chargerait de faire la justice transitionnelle, justice transitionnelle qu'il ne faut pas confondre avec l'impunité. Une C.V.R. citoyenne donc civile, sans armes mais infiltrée par des mouvements armés. Une C.V.R. qui prétendrait juger ces tueurs et ces affameurs du peuple mais détenteurs du pouvoir de transition - du moins ceux qui sont venus à Kinshasa – En même temps, il est souligné que la transition toute fragile doit rester non conflictuelle et c'est encore la C.V.R. qui devra en assurer les mécanismes par la médiation et l'apaisement des esprits.

Ironie du sort, la C.V.R. est intégrée avec légèreté dans le processus de paix en R.D. Congo, comme l'un des outils de construction de la paix presque automatiquement ou comme une sorte de compensation pour l'absence de poursuite, en combinaison avec une amnistie – amnésie visant à satisfaire les victimes.

Et comme si cela ne suffisait pas, tout en lui reconnaissant son caractère d'institution citoyenne, l'Accord Global et Inclusif a confié la direction de la Commission à une équipe de huit membres (Bureau) constituée des délégués des « composantes » et « entités » au Dialogue Inter-Congolais sous la coupe d'une personnalité issue de la Société Civile. En effet, feignant de confier sa présidence à un représentant de la Société Civile, les partisans au Dialogue venaient de miner la C.V.R. par la présence des six autres membres du Bureau délégués par les belligérants pendant qu'un dernier membre représentait l'opposition politique non armée.

Dans ce contexte, le décor a été planté bien avant pour prédire sans crainte d'être contredit l'échec d'une C.V.R. politisée dès sa naissance. Les observateurs avertis en étaient convaincus[68]. Car, ceux qui étaient censés l'incarner ont été à la fois juge et partie. Délégués par leurs « composantes » et « entités », impliqués dans les violations de droits de l'homme et craignant d'être exposés et éventuellement poursuivis par la suite, ces animateurs de cette Commission étaient plutôt des défenseurs attitrés des leurs mouvements politico-militaires respectifs, convertis en partis politiques par la force des choses.

Ces mouvements, à travers ses délégués parfois circonstanciels, le reconnaît Nsaman[69] qui a siège aux destinées de la C.V.R. dès ses premières heures, ont suivi à la loupe toutes les péripéties de la mise en œuvre de cette institution au point d'y imposer leur diktat perceptible au travers les luttes et querelles observées au sein de la Commission. Ainsi, l'échec probable de la C.V.R. ne procédait plutôt que d'une absence préméditée de volonté politique. Martien a des mots justes pour l'exprimer en ces termes : ''l'échec de la justice transitionnelle en R.D. Congo est essentiellement dû au climat de la transition politique qui n'était pas assez favorable pour que ce mécanisme puisse fonctionner''[70].

---

[68] Lire à ce sujet, Wakenge R. et Bossaerts G., La Commission vérité et réconciliation en RDC. Le travail n'a guerre commencée, SNV Kivu, 23 Août 2006 cité par Martien Schotsmans, Op. Cit., p. 208.

[69] Propos recueillis lors d'un entretien avec le Prof. Nsaman, Commissaire à la Commission Vérité et Réconciliation, le dimanche 22 juin 2008 de 8hoo' à 10h37'.

[70] Martien Schotsmans, ***Op. Cit.***, p. 213-227.

1.2. Contexte politique International (communauté internationale)

Comme reconnu ci-dessus, l'ombre de la Communauté Internationale planant sur le processus de paix de Lusaka n'était plus qu'un secret de polichinelle. Cette Communauté s'était battue pour l'arracher depuis le règne de Mzee LD Kabila et elle a toujours espéré en avoir toute la maîtrise. Le Comité de suivi d'abord et le Comité International d'Accompagnement de la transition ensuite en ont assuré, tour à tour, le suivi officiel en plus de celui exercé au travers des diverses ONG internationales sous couvert leurs potentats nationaux. C'est dire que les pressions ont été lourdes et de divers ordres dans l'installation de la C.V.R. Il faut donc reconnaître avec Martien que la C.V.R. n'a pas vu le jour sous une lumière favorable : ingérences politiques, contraintes et violence étaient de la partie[71].

C'est dans cette dynamique du droit de contrôle et avec l'aide de ces organisations, en l'occurrence la Monuc, l'ICJT, le HRW, le WOPPA, le FIDH, le RECIC... que la Communauté Internationale réussit à faire adopter, dans la loi organique en son article 9, la désignation de 13 autres membres devant animer la C.V.R. en contrepoids et conjointement avec les huit premiers formant le Bureau. Ainsi, l'équipe animatrice de la Commission est constituée au total de 21 membres formant l'Assemblée Plénière.

Ces 13 délégués choisis exclusivement parmi les personnalités évoluant au sein des organisations de la Société Civile, à l'instar de huit précédents, seraient désignés par consensus conformément à des critères de moralité, crédibilité, connaissance des réalités de terrain, compétence, patriotisme, esprit rassembleur et réconciliateur. Leurs organisations de provenance sont même ciblées à l'avance. Il s'agit des confessions religieuses, des sociétés savantes, des associations

---

[71] Idem

féminines et d'autres associations dont les activités ont un rapport avec l'objet de la C.V.R.[72].

Des dispositifs ainsi arrêtés dévoilent certainement la détermination de la communauté internationale de vouloir contrôler cette institution aux enjeux importants. Ces enjeux, c'est la justice transitionnelle qu'on a cru éviter ou étouffer mais qui nous rattrape vraisemblablement, avec les actions de la CPI, le programme Amani[73], etc. La justice transitionnelle, tant qu'elle ne sera pas dite en toute indépendance et liberté, la réconciliation nationale ne demeurera qu'un vœu pieux.

Les pièges dans la C.V.R., ils sont tendus de toute part justement à cause des enjeux que présente cette commission qui doit sceller le sort des uns et des autres. La Communauté Internationale qui croyait surprendre les belligérants en associant 13 autres membres à la gestion de la C.V.R. est pris de court par ces treize.

En effet, non seulement les membres du Bureau sont « annoncés » au lieu d'être désigné par consensus, après la promulgation préalable de la loi organique, conformément à l'esprit de l'Accord Global et Inclusif ; les 13 autres sont choisis par ces derniers de façon discrétionnaire et aléatoire[74]. Pour ce dernier cas, les dossiers Nsaman et Kitenge déjà évoqués en disent assez[75].

Il faut cependant préciser que la Communauté Internationale, en exigeant l'ajout de 13 autres membres,

---

[72] Article 9 de la Loi n°04/018 du 30 juillet 2004 portant organisation, attributions et fonctionnement de la Commission Vérité et Réconciliation in ***Journal Officiel de la République Démocratique du Congo, Op.Cit.,*** p. 6.

[73] Programme de suivie de la conférence de Goma sur la paix et le développement des les provinces du nord et sud Kivu dont l'objectif premier est de chercher des voies et moyens d'arrêter les rebellions de l'Est principalement celle de Laurent Nkindabatware et son CNDP.

[74] Martien Scotsmans, ''la justice transitionnelle pendant la période de la transition politique en RDC'' in Afrique des Grands Lacs, annuaire 2006 – 2007, p. 207.

[75] Ces deux cas ont déjà été évoqués dans les détails à la page du présent travail.

exclusivement de la société civile avec des associations bien ciblées, dans la gestion de la C.V.R. misait déjà sur quelques candidats préparés par les ONG qui étaient déjà en contact permanent avec les organisations de base et qui venaient de boucler une tournée sur terrain[76].

Qui voulait surprendre est surpris et il en sera de même pour les forces belligérantes Congolaises, la Communauté Internationale ne se trouvera plus que devant un fait accompli dans le dossier C.V.R. Il ne lui restera plus que de geler son financement prévu pour le fonctionnement de cette institution au travers de laquelle elle espérait régler les comptes aux violeurs indésirables des droits humains.

De ce fait, Martien Schotsmans[77] pour qui ‘‘le piège de la C.V.R. Congolaise a été l'absence d'une appropriation par la population Congolaise et surtout la politique défaillante de nomination des commissaires reflet d'un manque d'autorité qui l'a mis en place'' reconnaît que ‘‘la Communauté Internationale qui a soutenu cette idée (de la C.V.R.) avec enthousiasme au début, a vite été déchanté et est revenue sur ses engagements financiers suite au fait que la procédure de nomination ne présentait pas des garanties suffisantes d'un fonctionnement indépendant de la Commission''.

Ce fut le divorce consommé entre la Communauté Internationale et le régime de transition Congolais au sujet de la C.V.R.. Car, pour cette Communauté, la C.V.R. étant minée à sa création, deux issues en dehors desquelles le mandat de cette institution pendant la période de transition politiques devait se compromettre étaient envisageables :

Premièrement, il a fallu accepter de faire fonctionner la C.V.R. pendant la période de transition politique à condition de restructurer son Bureau en le dépouillant des belligérants et politiciens qui y siégeaient et/ou lui adjoindre d'autres membres dont la procédure de désignation se ferait sous l'égide de la Communauté Internationale ; cette hypothèse capota avec le piège lui tendu par les belligérants.

---

[76] Nsaman l'affirme aussi dans ses propos recueillis lors de l'entretien ***Op. Cit.***

[77] Martien Scotsmans, ***Op. Cit.***, p.212.

Deuxièmement, au cas contraire, remettre carrément le mandat de la C.V.R. (son fonctionnement) à l'après-transition. De cette seconde issue plus plausible, la Communauté Internationale en était convaincue au bout du compte comme on peut le réaliser au cours de cet incident, entre elle et le Bureau de la C.V.R. à la suite de la publication du rapport d'un atelier organisé sur le projet de loi portant organisation et fonctionnement de cette Commission.

A ce propos, alors que les conclusions de cet atelier, dûment paraphées par tous, n'ont fait aucune mention du mandat post transition de la C.V.R., les délégués de la Communauté Internationale à cette conférence les signeront et les publieront sur Internet en y ajoutant une disposition visant à surseoir le mandat de la Commission pendant la transition pour le programmer après la Commission et ce, sans avoir consulté leurs collègues Congolais. Informés, les Congolais s'y opposeront avec véhémence. La disposition à problème sera retirée du nouveau communiqué qu'ils auront conçu, signé et publié, à leur tour, et finalement, c'est leur position qui fut adoptée par le Parlement. Dès lors, la C.V.R. n'aura plus jamais attendu la fin de la transition pour fonctionner.

2. Ressources de la C.V.R.

Au-delà du contexte aussi bien national qu'international qui sera évoqué plus bas, il sied de relever que l'échec de la C.V.R., si échec il y avait, est une conséquence logique et prévisible non seulement découlant de la modicité des ressources mises à la disposition de cette structure mais aussi et surtout de la mauvaise gestion de celles-ci. Car, une chose est de savoir créer pour faire valoir sa culture d'entreprise, une autre est de pouvoir faire fonctionner son entreprise de manière efficace, efficiente et performante avant de se dire manager et cela n'est possible que par une meilleure gestion des ressources disponibles.

La question de ressources est donc déterminante pour manager dans une entreprise. Elle s'en tient non seulement à la quantité et la qualité des ressources mises en œuvre pour atteindre les objectifs assignés à l'entreprise, mais aussi essentiellement à la manière dont elles sont choisies, combinées et mises en mouvement pour les gérer. La présence de l'homme s'impose au premier chef mais aussi celle du matériel, des finances et du temps. D'où, la fameuse théorie des 4R chère aux managers.

Cette théorie postule notamment qu'une meilleure gestion des ressources conduit naturellement à un résultat positif et, s'il est obtenu de manière efficace, efficiente et performante, on dira qu'il est managériale. Le Figure ci-après l'atteste :

Figure n°06 : Combinaison managériale des ressources

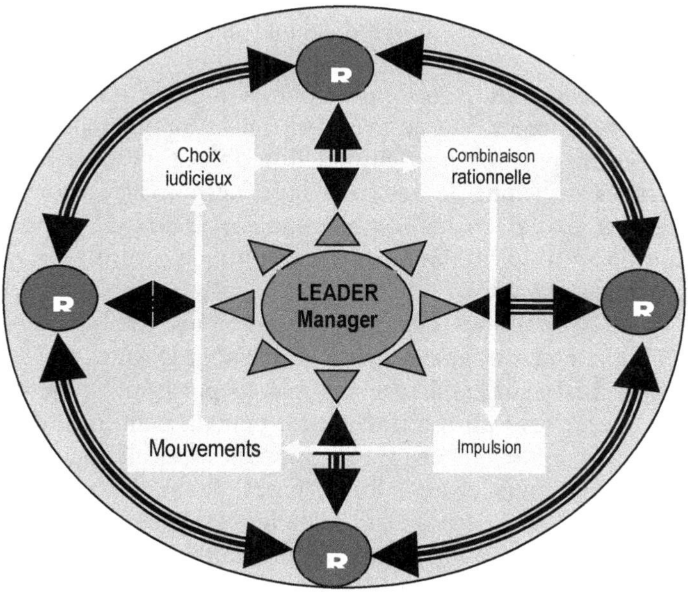

Source : Notre conception.

Cette figure démontre que le leader, le manager est le point focal d'une organisation. C'est lui qui choisit judicieusement, combine rationnellement et impulse l'action qui produit les mouvements dans tous les sens et finalement aboutit à un résultat positif. Ce personnage clé c'est celui que le marketing dans sa théorie de 5P désigne par le ''P'' placé au centre de son modèle. Les autres P dépendent de lui pour vendre un produit ou l'image de l'organisation. Il s'agir du produit (P), de la place (P), du prix (P), de la publicité (P) et de la personne (P).

Tel n'a pas été le cas pour la C.V.R. où l'impulsion partant d'un choix partisan et d'une combinaison irrationnelle. Le politique a impulsé l'inertie totale qui s'est cristallisée par un échec. La crise du leadership très perceptible a été à la Commission et cela s'est révélé déterminant dans sa dérive. L'absence d'un leadership efficace, reconnaît Ngoma Binda[78], est le fait d'avoir doté la commission des résidus des entités et composantes au DIC après que celles-ci ont commis leurs hommes compétents au Gouvernement, Parlement et autres institutions considérées comme ayant plus de valeur que la C.V.R.

A une C.V.R. sous-tendue par la logique de "1 + 4" doublée d'incompétence, le Président fut un premier parmi ses pairs pour ne pas dire un figurant. Il ne faisait qu'entériner les actes et les décisions de ses pairs qu'il ne pouvait surtout pas sanctionner en cas de manquement sous prétexte de préserver les équilibres fragiles d'une situation politique contrôlée par les composantes et entités.

Certes comme dans les autres institutions de la République, cette logique a entraîné une sourde lutte, mais très active, focalisée sur la défense des intérêts partisans ; cependant elle ne saurait être un motif d'excuse pour la manifestation du leadership comme il en a été ailleurs. Les humeurs, les complexes de tous ordres, les disputes, le marchandages, le clientélisme, les dénonciations, les suspicions et les démonstrations de force…[79] comme justificatifs à la catastrophe de la C.V.R. ne suffisent pas d'autant plus que ces vices se sont manifestés parfois avec plus de virilité dans d'autres institutions comme la CEI, la HAM, le Gouvernement, le Parlement qui ont

[78] P. Ngoma Binda, ***Op. Cit.***, p. 61.

[79] Tout en reconnaissant la faiblesse du leadership, Ngoma Binda présentent ces vices et bien d'autres comme étant des justificatifs à la fin de mandat catastrophique de la Commission dont il fut l'un des vices – présidents.

su au bout du compte réaliser le meilleur d'elles-mêmes à cause certainement d'un leadership tout au moins efficace.

Mais plus tard et sans se reprocher lui-même quoique ce soit, Ngoma Binda incrimine son Président en avouant que leur commission ''ressemblait à un avion piloté par un homme aveugle, sourd et muet, incapable de voir la voie adéquate ni entendre les informations et ordres nécessaires (...) et qu'il ne fallait pas s'attendre à ce que des personnes informées consentent à mettre du carburant dans un tel avion pour le laisser voler vers la catastrophe''[80] renchérit-il contre ceux qui avancent des arguments tout aussi vraisemblables mais centrés essentiellement sur les finances.

Somme toute, l'absence d'un leadership conséquent alourdi par la logique de ''1 + 4'' à la commission demeure, au bout de l'analyse, le socle de perdition de celle-ci. En lieu et place du succès, on a assisté une construction lente mais sûre de l'échec presque programmé de la Commission, toutes ses ressources étant désaxées, désarticulées.

Faute de cette figure emblématique canalisatrice des énergies, la Commission n'a pu drainer des ressources nécessaires ; elle n'a pas su se faire crédibiliser et n'aurait pu réaliser le moindre résultat escompté.

On le réalise dans la Figure suivante qui démontre une désagrégation et une désintégration totales des ressources gérées pour des fins politiciennes :

[80] P. Ngoma Binda, ***Op. Cit.***, p. 69 – 70.

Figure n°07 : Combinaison irrationnelle des ressources

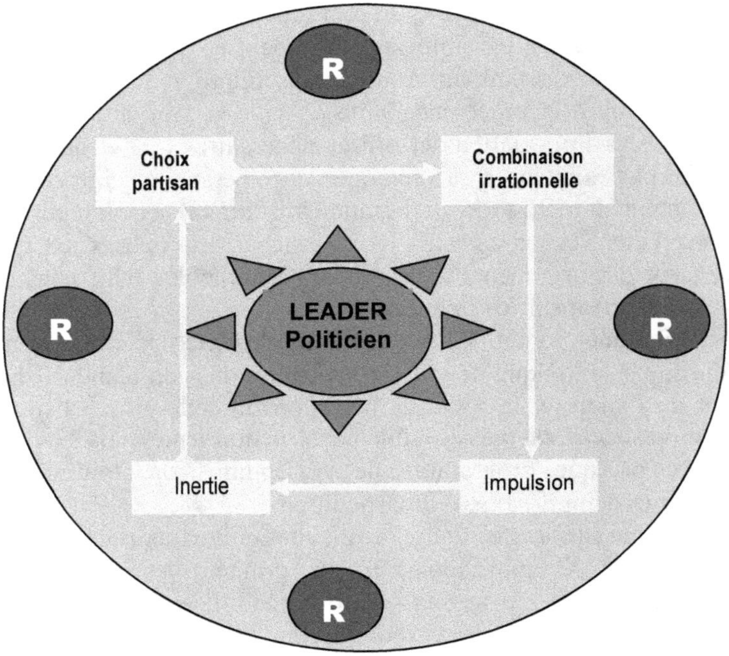

Source : Notre conception.

2.1. Ressources humaines

La C.V.R. a fonctionné avec une forte équipe de 21 membres qui forme son Assemblée Plénière. Chaque membre est affecté à une tâche quotidienne précise. Huit d'entre eux constituent le Bureau et sont désignés par les composantes et entités au Dialogue Inter-Congolais de la manière qu'il a déjà été décrit dans cette réflexion. Ils sont répartis comme suit : un Président, trois Vice-présidents, un Rapporteur et trois Rapporteurs Adjoints.

En plus de leurs fonctions reconnues qui consistent à exécuter la politique définie par la Commission, décidée en Plénière et avec tout le risque de se dérober de directives constitutionnelles, légales et réglementaires relayées dans l'esprit de l'Accord Global et Inclusif, les membres du Bureau exercent d'autres fonctions spécifiques dont celle de diriger les commissions spéciales mais surtout celles stratégiques créées par la Plénière dans sa souveraineté.

Les 13 autres membres de la Commission sont appelés "Commissaire". Ils avaient été sélectionnés discrétionnairement par les huit premiers au sein de la Société Civile en respectant le quota de 30% réservé aux femmes. Loin de constituer un contrepoids nécessaire tel qu'envisagé par la Communauté Internationale qui a imaginé et exigé leur désignation, les commissaires dont la présélection a été téléguidée et finalement sélectionnés discrétionnairement par les membres du Bureau ne sont, en fait, que des auxiliaires de ces derniers pour s'occuper des tâches accompagnatrices au sein des commissions spéciales et sections ainsi créées.

En outre, l'étendue de la R.D. Congo aux dimensions continentales ont obligé la Commission à envisager une déconcentration du mandat en créant des structures provinciales et locales. Même si celles-ci n'ont pas connu un début de fonctionnement autant que les commissions spéciales et les sections, certaines des ces structures ont été pourvues d'animateurs toujours sélectionnées discrétionnairement par le Bureau.

La dernière catégorie des ressources humaines de la C.V.R. est constituée du personnel d'appoint au sein duquel on dénombre le personnel politique, le personnel administratif et technique et les manœuvres ordinaires. Ils constituent un Cabinet coiffé par un Directeur de Cabinet suivi d'un Adjoint.

Si pour les trois premières catégories les détails sont disponibles à cause de leur caractère statique qui permette de les reproduire assez fidèlement, la mobilité et l'impact qui caractérise le personnel d'appoint à la C.V.R. ne permettent pas de le faire. Car, ces derniers sont nommés et remerciés par la volonté de leurs patrons pour autant qu'ils ne sont que des simples commis. Leur nombre n'était point connu à l'avance. Chaque membre du Bureau pouvait en faire nommer autant qu'il voulait suivant son influence au Bureau. Pour tout dire, le Cabinet de la Commission a été plutôt, selon l'appréciation de Ngoma Binda, "un beau placement des chercheurs des postes d'emploi pour les frères et les cousins''[81] plutôt qu'un cadre d'un travail bien fait.

En dernière analyse, on dirait tout simplement que le Cabinet de la C.V.R. a été presque un monstre à huit têtes proportionnellement au nombre de ces monarques constituant son Bureau et représentant les intérêts de leurs entités et composantes respectives.

En effet, non seulement ces monarques du Bureau imposaient, chacun, ses hommes qui ne devaient en répondre qu'à lui tout en faisant partie du cabinet[82], mais aussi et surtout que ces hommes qui travaillaient déjà avant d'être nommés n'avaient des comptes à rendre qu'à leur maître au point que le décision de nomination du Président n'était qu'une formalité d'usage. Dans ce contexte, la coordination du Cabinet devenait quasi impossible car dépouillée de tous ses prérogatives. Cela a obligé, entre autre, son Directeur, Me Dieudonné Kyalangalilwa à la démission en plein mandat.

Le nombre pléthorique du personnel au sein du cabinet est observable déjà notamment aux termes de la Décision n°001/BP/C.V.R./2005 du 27 février 2005 portant nomination des membres du Cabinet du Bureau de la C.V.R.

Au fait, tout en faisant observer que les nominés concernés par cette décision n'étaient pas reconnus comme membres du Cabinet de la C.V.R., mais plutôt comme membres du Cabinet du Bureau de la C.V.R., il sied de relever que ce Cabinet enregistrait un effectif éléphantesque de 91 membres (sans compter les gardes du corps et autres manœuvres dont les

---

81 P. Ngoma Binda, ***Op. Cit.***, p. 76.

82 Pour s'en rendre compte par exemple au travers de cette lettre du Rapporteur de Commission Vérité et Réconciliation, Mr Claude Olenga Sumaili, adressé au Président de la Commission le 24 décembre 2004 par laquelle il ne propose pas mais transmet la liste des membres de son cabinet pendant que la Commission n'est autorisée qu'entretenir un Cabinet. Par cette correspondance, Mr Claude Olenga transmet une liste de neuf membres dont trois conseillers, un chargé des missions, une secrétaire particulière, un secrétaire, un Opérateur de saisie, une hôtesse et un chauffeur sans oublier le garde du corps.

nettoyeurs). Cet effectif excessif pour le seul Bureau de Kinshasa comprenait 43 membres pour le personnel politique contre 48 du personnel administratif et technique.

Ce fut en fait l'ensemble des membres du cabinet au service de chaque membre du Bureau dont le Président qui en avait la compétence ne pouvait que formaliser les nominations. Mais comme toujours, la somme des parties d'un corps ne constituant pas nécessairement le corps, il a été malaisé pour la C.V.R. de gérer un Cabinet qui n'était pas un corps mais la somme des cabinets de chacun de ses membres.

Œuvrant dans ce contexte, l'incompétence et les vices de tout genre venaient envenimer le climat moral, psychologique et interrelationnel déjà précaire entre les membres de la commission. Des correspondances calomnieuses, des dénonciations, des incriminations et des injures s'en sont suivies ; carrément, les services ont cessé de tourner comme il se doit, pendant que les avantages ont continué à être accordés sans même adressé une lettre de blâme aux agents de ces services (cas de deux membres du Bureau qui ont cessé leurs prestations pendant plus d'une année sans être inquiété).

De leur côté, les rapporteurs et/ou les commissaires ont organisé une fronde contre le Bureau qu'ils ont accusé d'avoir manqué d'égard pour eux alors que les uns comme les autres sont membre à part entière d'une même institution.

Les membres du Bureau comme les commissaires ont été nommés suivant la même logique, celle des « composantes » et « entités » (Cfr la crise éclatée lors de l'atelier sur le Règlement Intérieur tenue au centre d'accueil kimbanguiste entre le groupe des présidents et les rapporteurs)[83].

Quoiqu'il soit, les uns et les autres constituaient ainsi la ressource humaine ayant œuvré au service de la C.V.R. Les plus en vue, c'est-à-dire, ceux ayant un impact notoire et qualifié parmi les membres de la C.V.R. à divers échelons par opposition au personnel d'appoint sont identifiés dans les tableaux ci-contre :

---

[83] P. Ngoma Binda, ***Op. Cit.,*** p. 36 – 80.

2.1.1. Membres de la C.V.R.

Tableau n° 19 : Membres du Bureau

N°	Noms	Sexe	Qualités	Province d'origine	Appartenance
01	J-L Kuye Ndondo	M	Président	Sud-Kivu	Société Civile
02	Serukiza Nkundabantu	M	1ér Vice P.	Sud-Kivu	RCD – Goma
03	Ngoma Binda	M	2ème Vice P	Bas - Congo	Opposition Politique
04	Yaka Swedi Kosko	M	3ème Vice P	Sud - Kivu	May - May
05	Claude Olenga Sumaili	M	Rapporteur	Prov.Orientale	RCD/KML
06	Musimwa Bisharwa	M	1er Rap. Adj	Sud – Kivu	Composante Gouvernement
07	Vickie Boboy	F	2e Rap. Adj	Prov Orientale	RCD/N
08	Rose Mika Ebenga	F	3e Rap. Adj	Equateur	MLC

Source : Notre conception.

Tableau n° 20 : Les Commissaires

N°	Noms	Sexe	Qualités	Province d'origine	Appartenance
01	Ndundu Mimi Marie Léontine	F	Commissaire	Bandundu	Associations féminines
02	Mwanda Vuidi Philipe	M	Commissaire	Bas – Congo	Ordre professionnel
03	Muna Bubwa	F	Commissaire	Equateur	Associations féminines
04	Mukoma Emerance	F	Commissaire	Kasaï occidental.	Confessions Religieuses.
05	Mulomba Jean Polydor	M	Commissaire	Kasaï Oriental	Confessions Religieuses
06	Kayamba Badye	M	Commissaire	Katanga	Sociétés savantes
07	Salumu Ndalibangu Nest.	M	Commissaire	Maniema	Confessions Religieuses
08	Baumba Bitamenywa H.	F	Commissaire	Nord - Kivu	Associations féminines
09	Bolendjele W'afi Fréderic	M	Commissaire	Province Orientale	Sociétés savantes
10	Dive Losi Béatrice	F	Commissaire	Province Orientale (Ituri)	Associations féminines
11	Mirindi Kishingoko Banav.	M	Commissaire	Sud – Kivu	Confessions Religieuses
12	Nsaman – O - Lutu	M	Commissaire	Kinshasa	Sociétés savantes
13	Mwaka Nicole	F	Commissaire	Kinshasa	Droit/Homme

Source : Notre conception.

2.1.2. Répartition des Membres par Commission et par Section

Tableau n°21 : Commission Spéciale Vérité avec 12 membres, 03 sections

N°	Composition	Qualité
01	J-L Kuye-Ndondo Wa Mulemera	Président
02	B. Serukiza Nkundabantu	1er Vice-Président
03	Yaka Swedy Kosco	3ème Vice-Président
04	Vickie Buboyo Idey	2ème Rapporteur Adjoint
05	Rose Mika Ebenga	3ème Rapporteur Adjoint
06	Muanda Vuidi	Commissaire
07	Bonavent. Mirindi Kishingoko	Commissaire
08	Nicole Mwaka	Commissaire
09	Jean - Polydor Mulomba	Commissaire
10	Marie - Leonie Ndundu	Commissaire
11	Frederic Bolendjele W'afi	Commissaire
12	Emerance Mukoma	Commissaire

Source : Notre conception.

Tableau n° 22 : Section crimes politiques et violations massives des droits de l'homme : 02

N°	Composition	Qualité
01	MUANDA VUIDI	Commissaire
02	Bonaventure MIRINDI KISHINGOKO	Commissaire

Source : Notre conception.

Tableau n° 23 : Section crimes sociaux, économiques, environnementaux et biens mal acquis : 02

N°	Composition	Qualité
01	Nicole MWAKA	Commissaire
02	Jean- Polydor MULOMBA	Commissaire

Source : Notre conception.

Tableau n° 24 : Section violences faites à la femme et à l'enfant : 03

N°	Composition	Qualité
01	Marie Léonie NDUNDU	Commissaire
02	Frédéric BOLENDJELE W'AFI	Commissaire
03	Emérance MUKOMA	Commissaire

Source : Notre conception.

Tableau n°25 : Commission Spéciale Réconciliation avec 10 membres, 03 sections

N°	Composition	Qualité
01	J-L Kuye-Ndondo Wa Mulem.	Président
02	NGOMA BINDA	2ème Vice-Président
03	Claude OLENGA SUMAILI	Rapporteur
04	Partiel MUSIMWA BISHARHWA	1er Rapporteur Adjoint
05	Médard KAYAMBA BADYE	Commissaire
06	Honorine BAUMA	Commissaire
O7	Nestor SALUMU NDALIBANDU	Commissaire
08	Anne- Marie MUNA BOBWA	Commissaire
09	Oscar NSAMAN-O –LUTU	Commissaire
10	Béatrice DIVE LOSI	Commissaire

Source : Notre conception.

Tableau n° 26 : Section Pacification et Cohabitation Inter-ethnique : 02

N°	Composition	Qualité
01	Médard KAYAMBA BADYE	Commissaire
02	Honorine BAUMA BITAMENYWA	Commissaire

Source : Notre conception.

Tableau n° 27 : Section Réparation, Réhabilitation, Pardon et Amnistie : 02

N°	Composition	Qualité
01	Nestor SALUMU NDALIBANDU	Commissaire
02	Anne- Marie MUNA BOBWA	Commissaire

Source : Notre conception.

Tableau n° 28 : Section Prévention, Médiation des Conflits et Education à la Culture de la Paix : 02

N°	Composition	Qualité
01	Oscar NSAMAN-O-LUTU	Commissaire
02	Béatrice DIVE LOSI	Commissaire

Source : Notre conception.

2.1.3. Répartition par Représentation Provinciale et locale

Tableau n° 29 : Bureaux des Comités Provinciaux

N°	Composition	Qualité
Comité Provincial de la C.V.R./ Bandundu		
01	MBULUKU MASOKA Jean Valère	Président
02	Laurent BWENIA	1er Vice- Président
03	Joseph MANDONGO	2e Vice-Président
04	Gabriel FELO KAMBUNDI	Rapporteur
05	Claver VUYA KINGUDI	1e Rapporteur Adjoint
06	Adèle KINGAMBO	2e Rapporteur Adjoint
07	MBO	3e Rapporteur Adjoint
Comité Provincial de la C.V.R./ Bas- Congo		
01	MBENZA MUAKA	Président
02	NZUZI PHANZU	1er Vice- Président
03	MAYEYE ma MBAMBA	2e Vice-Président
04	MANSONI MANSUKINA	Rapporteur
05	NGUDI NYIMI	1e Rapporteur Adjoint
06	VANGU WA MAVINGA	2e Rapporteur Adjoint
07	Barnabé MAKUNDI ma LUBELA	3e Rapporteur Adjoint
Comité Provincial de la C.V.R./ Equateur		
01	Jean-Pierre BOMPEMA	Président
02	TAIMA ZALO	1er Vice- Président
03	Charlie INANGAWAY	2e Vice-Président
04	Paul LOMA LOTULI	Rapporteur
05	KPOKOLO KUFA	1e Rapporteur Adjoint
06	Achille DATI	2e Rapporteur Adjoint
07	Marie Louise BOOMBO	3e Rapporteur

		Adjoint
Comité Provincial De La C.V.R./ Ituri- Province Orientale		
01	Alfred BUJU	Président
02	PEKE LYANDA	1er Vice- Président
03	KASWARA TAHIGOMU	2e Vice-Président
04	ASOA OBONYA	Rapporteur
05	John BAMETU	1e Rapporteur Adjoint
06	Alphonsine UNWANG	2e Rapporteur Adjoint
07	Léontine SAKINA	3e Rapporteur Adjoint
Comité Provincial de la C.V.R./ Kasai Occidental		
01	Hubert NKOLE BANTUMBIMPE	Président
02	Anaclet TSHIMBALANGA	1er Vice- Président
03	Henri TSHIPAMBA MUKALA	2e Vice-Président
04	Richard LUNKAMBA	Rapporteur
05	Victorine MANGA	1e Rapporteur Adjoint
06	Alphonsine TSHITAKABADILA	2e Rapporteur Adjoint
07	Paul TSHIMANGA MUNSANTU	3e Rapporteur Adjoint
Comité Provincial de la C.V.R./ Kasai Oriental		
01	Marie Thérèse MUISANGIE	Président
02	Jean-René KABASELE JIBIKILA	1er Vice- Président
03	Jackie DIKAHU MUYA	2e Vice-Président
04	Célestin MBAYA MBABU	Rapporteur
05	Sophie NGOLO KAUMBU	1e Rapporteur Adjoint
06	Christine KAMUANYA MULUMBA	2e Rapporteur Adjoint
07	Bruno KAZADI	3e Rapporteur Adjoint
Comité Provincial de la C.V.R./ Katanga		
01	Claude KALABA	Président

02	Joseph KONGOLO Wa MOMAT	1er Vice- Président
03	MUTOMBO ILUNGA KIMBA	2e Vice-Président
04	MBUYU KAZADI- A- Haute Autorité des Médias BA	Rapporteur
05	Marie- Jeanne MBUYU	1e Rapporteur Adjoint
06	Yvonne MWEWA	2e Rapporteur Adjoint
07	Célestine LUBABA	3e Rapporteur Adjoint
Comité Provincial de la C.V.R./ Ville De Kinshasa		
01	Norbert KUYALA MULUDIKI	Président
02	Claudine TAYAYE MUYALA BIBI	1er Vice- Président
03	Roger BOMPUKU BOLAFA	2e Vice-Président
04	Jean- Baptiste BISELELE TSHIKELE	Rapporteur
05	Clotilde BIUMA KABEYA	1e Rapporteur Adjoint
06	FALLU SELUA	2e Rapporteur Adjoint
07	MBUMBA TSHIMANKINDA	3e Rapporteur Adjoint
Comité Provincial de la C.V.R. / Nord- Kivu		
01	Thomas d' Acquin MUITI LUANDA	Président
02	Isabelle TSONGO LAINI	1er Vice- Président
03	Manassé MBUSA	2e Vice-Président
04	Marie NKINAMUBANZI	Rapporteur
05	MAUNDU BWENGE DJENTO	1e Rapporteur Adjoint
06	Norbert BYANIKIRO WETE	2e Rapporteur Adjoint
07	Hadji LUBAGA MWANAKEMBE	3e Rapporteur Adjoint
Comité Provincial de la C.V.R./ Maniema		
01	SHABANI AMISI	Président

02	Antoinette KIBAMBA KUNGWA	1er Vice- Président
03	ASANI MWANVUA	2e Vice-Président
04	AMURANI ARUNA	Rapporteur
05	Albert MASIMANGO MWAMBA	1e Rapporteur Adjoint
06	Joseph BITINGO LUSAMBYA	2e Rapporteur Adjoint
07	Albertine WAKUSOMBA	3e Rapporteur Adjoint
Comité Provincial de la C.V.R. / Province Orientale		
01	Corneille NONZIODANE MARONZI	Président
02	Emile-Didier GELENGI	1er Vice- Président
03	Béatrice UZELE	2e Vice-Président
04	Jean-Claude ESUKA ALFANI	Rapporteur
05	SUMAILI BULONGO	1e Rapporteur Adjoint
06	Dismas KITENGE	2e Rapporteur Adjoint
07	Angélique MAUWA	3e Rapporteur Adjoint
Comité Provincial de la C.V.R./ Sud- Kivu		
01	Benjamin KITHONGO WENGA	Président
02	Josée KUSINZA NYENYEZI	1er Vice- Président
03	Cheikh ASSUMANI KASONGO	2e Vice-Président
04	Joseph LWABAGUMA MUSAKA	Rapporteur
05	Liliane BASIKA WAKUSOMBA	1e Rapporteur Adjoint
06	Cyprien BIRHINGINGWA MUGABO	2e Rapporteur Adjoint
07	MUSAGWA BIGANGU	3e Rapporteur Adjoint

Source : Notre conception.

2.1.4. Comités locaux

La C.V.R. a prévu que les Comités locaux seraient constitués, mutatis mutandis, identiques aux comités nationaux et provinciaux et ce, conformément à l'article 84 du Règlement Intérieur. Dans les faits, le Comité local sera composé de quatre membres : un Président, un Vice- Président, un Rapporteur et un Rapporteur Adjoint. Les membres des Comités Locaux sont présélectionnés sous la supervision des Bureaux des Comités Provinciaux dès que ceux-ci seront effectivement opérationnels.

Toutefois, au cours de ce mandat de transition, deux Comités Locaux ont été constitués. Il s'agit du Comité Local d'Uvira et de celui de Kalemie dont la présentation dans le tableau qui suit :

Tableau n° 30 : Les Comités locaux

N°	Composition	Qualité
Comité Local d'Uvira		
01	Jeanne d'Arc CHAKUPEWA	Présidente
02	MUSHONIO Banyimwire wa Rusati	Vice-Président
03	MAKENDA MWENEBATU	Rapporteur
04	Amon MBERWA	Rapporteur Adjoint
Comité Local de Kalemie		
01	David LUHAKA	Présidente
02	Léocadie Buyamba Kipoka	Vice-Président
03	KASEMBA RAMAZANI	Rapporteur
04	Paul Dieudonné KALUME BILONDA	Rapporteur Adjoint

Source : Notre conception.

2.2. Ressources matérielles

En dépit de ses débuts difficiles, la C.V.R. a fini quand même par se doter d'une certaine quantité des matériels mobiliers et immobiliers essentiellement au niveau de sa structure nationale.

En effet, alors qu'elle a évolué sous l'ombre de l'ECC aux premières heures, cette Commission a su trouvé un siège à l'immeuble ex Mireco. Les Bureaux a été meublés et équipés, du moins ceux des membres du Bureau au niveau national. Car, les 13 commissaires, eux, considérés comme des auxiliaires, ont été confinés dans un petit local équipé de deux tables de travail, quatre chaises et un PC non connecté à l'Internet. Les autres structures provinciales et locales n'ayant pas fonctionnées effectivement, n'avaient aucune ressource matérielle, même pas une adresse précise.

Parenthèses ! Il y avait de la place pour tout le monde et même pour le personnel d'appoint sauf pour les commissaires. En effet, non seulement ces derniers étaient redoutés par le Bureau qui les prenaient par moment pour les concurrents potentiels, mais aussi le Bureau les considérait comme de non permanents (allusion faite aux parlementaires) qui devaient, par conséquent, restés dans leur milieu ambiant pour ne venir à Kinshasa que lors des Plénières.

Mais, les 13 n'en avaient pas la même compréhension. Il leur avait été dit qu'ils allaient cogérer l'institution au quotidien avec le Bureau pour lui servir de contrepoids. Dès lors, le duel a été féroce au cours des Plénières qui ont suivi la désignation des commissaires. Ces derniers n'ont désarmé que grâce à la politique de diviser pour mieux régner mise en œuvre par le Bureau qui les avait sélectionnés et qui par conséquent détenait une certaine emprise sur ceux qu'il leur avait plu de choisir.

Ci-contre, le tableau reprenant les ressources matérielles de la commission avec leur nombre et provenance :

Tableau n° 31 : Ressources matérielles de la Commission

N°	Désignation	Qtité	Source
01	➢ Niveaux de l'immeuble ➢ ordinateurs ➢ petit réfrigérateur ➢ postes téléviseurs ➢ magnétoscopes ➢ Tablettes pour TV ➢ imprimantes ➢ photocopieuses ➢ Mobiliers pour les bureaux : Tables Chaises Armoires ➢ voiture ➢ bus de 25 places ➢ onduleurs.	02 05 01 02 02 02 05 02 +35 +70 +15 01 01 05 05	Gouvernement Congolais
02	ordinateurs d'occasion, imprimantes ; rames de papier ; cartouches ; voiture.	30 05 100 10 01	Autres partenaires

Source : Rapport final complété par nous.

2.3. Ressources financières

Insuffisance des moyens financiers, telle est l'une des causes la plus mise en exergue dans l'échec de la Commission. Le rapport final de la Commission en fait état comme Ngoma Binda[84], qui la qualifie de cruelle. Or, si les moyens étaient insuffisants, mais elle en était dotée quand même et si la C.V.R. ne pouvait aller au bout de sa mission à cause de l'insuffisance

[84] P. Ngoma Binda, ***Op. Cit.,*** p. 64.

des moyens, mais elle aurait pu ne fut ce que poser les premiers pas relevant de sa mission. Qu'a-t-on fait avec les moyens obtenus aussi bien de l'Etat congolais que des autres partenaires ? C'est la question pertinente qui fera objet des analyses suivantes.

Mais d'emblée, il faut noter que l'absence du leadership a aussi des implications négatives sur la gestion des finances d'autant plus les finances font partie des ressources qu'il faut savoir combiner pour prétendre en tirer le maximum de résultat attendu et l'agent de combinaison demeure le leader.

Déjà lorsque des salaires sont touchés indûment sans que le bénéficiaire soit inquiété outre mesure, des frais de missions sont versés sans que les missions elles-mêmes n'aient été effectuées, des détournements sont signalés sans qu'ils ne soient suivis d'une enquête ! Cela est clair. La machine ne tourne pas. On ne peut s'attendre à rien de normal. Il est plutôt question d'une mauvaise gouvernance que d'une insuffisance ou d'une carence des ressources financières. Voilà qui a conduit à la conclusion selon laquelle la C.V.R. a été budgétivore.

Toutefois, ne tirons pas des conclusions hâtives. Posons que l'insuffisance des moyens financiers évoquée régulièrement par la Commission est l'une des causes de son supposé échec, donc il y a nécessité à procéder à des analyses des extraits financiers en recettes comme en dépenses fournis par la C.V.R. à travers le condensé de ces quatre années d'existence résumé dans le tableau suivant :

Tableau n° **32 : Flux financiers**

N°	Exercice	Recettes			Sources	Dépenses			Affectations
		Fc	**$ Us**	**€**		**Fc**	**$ Us**	**€**	
01	2003	52.000.000	x	x	Etat congolais	52.000.000	x	x	- Rémunérations - Fonctionnement - Frais d'installation - Renforcement des capacités - Titres de voyage
		X	44.000	x	Norvegian Church Aid (NCA)	x	44.000	x	Vulgarisation
		X	x	37.000	Evangelischer Entwick Dungsdiest (EED)	x		37.000	- Vulgarisation - Honoraires -Fonctionnement
	S/total	**52.000.000**	**44.000**	**37.000**		**52.000.000**	**44.000**	**37.000**	
02	2004	340.843.213			Etat Congolais	340.843.213			- Salaires - Fonctionnement - Renforcement

									des capacités/déficit de 133.660.936 Fc)
			48.000	x	-NCA -ODHESIC -CHRISTIAN AID - HCDH - PNUD		48.000	x	-Présélection des Commissaires -Missions de vulgarisation et de pacification -Restitution de la mission de Minembwe au GHK - Atelier sur le Projet de RI
	S/total	**340.843.213**	**48.000**	**x**		**340.843.213**	**48.000**	**x**	
03	2005	257.182.277		x	Etat congolais	257.182.277	x	x	- émoluments - salaires du personnel - fonctionnement - frais de mission
			187.314	x	-Norwegian	X	187.314	x	-Mission de

					Church Aid (NCA) -PNUD				pacification -Renforcement des capacités
	S/total	**257.182.277**	**187.314**	**x**		**257.182.277**	**187.314**	**x**	
Total Général		**649.364.490**	**279.314**	**37.000**		**649.364.490**	**279.314**	**37.000**	

Source : condense réalisé par nous à l'issu des données tirées du Rapport final.

L'évolution des recettes et de dépenses par année peut mieux s'apprécier à l'issue du graphique unique ci-après :

Graphique n°02 : Evolution des recettes et dépenses

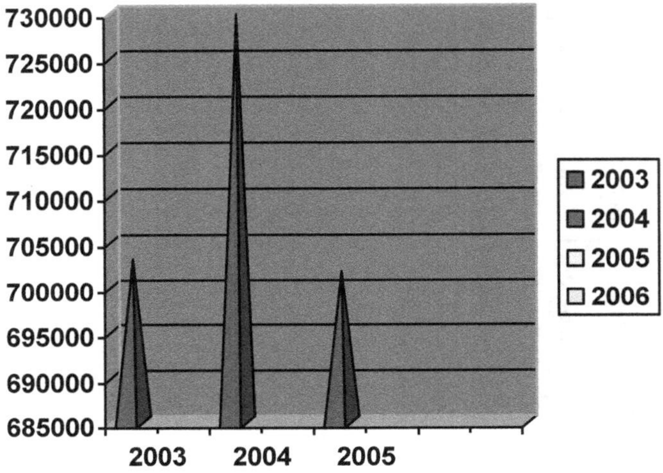

Eu égard à ce qui précède, il y a lieu de faire le constat suivant :

Ces deux configurations (tabulaire et graphique) ne dégagent rien pour l'année 2006 alors que des activités y avaient été organisées en l'occurrence une Plénière d'adoption du Rapport final et un atelier d'évaluation d'activités au cours duquel la Commission a réitéré sa demande de reconduction.

Rien non plus n'y est indiqué à propos des dépenses et éventuellement des recettes engagées pour la tenue des séances plénières évoquées plus haut. Cela présume que les données financières paraissent incomplètes si non fantaisistes.

Qu'à cela ne tienne, **649.364.490** des francs Congolais, **279.314** dollars américains et **37.000** euros que dégagent les déclarations contenues dans le rapport final de la Commission et qui sont condensées dans les configurations ad hoc ne représentent pas moins que la bagatelle de 3.700.000 de dollars américains qui a suffi à la C.V.R. Sierra Léonaise pour accomplir honorablement son mandat, pour ne citer que cet exemple.

Enfin, lorsqu'on doit examiner dans l'ensemble l'affectation des recettes de la Commission et compte tenu de la nature même du travail abattu réductible tout simplement aux missions - qu'il s'agisse des missions de vulgarisation, de pacification, de renforcement des capacités ou de recherche de financement - les charges allouées aux missionnaires consomment la quasi-totalité du budget.

C'est alors que se justifie la quête voire une lutte âpre pour des missions entretenue à la C.V.R.. Il fallait donc se battre durement pour non seulement concevoir des projets qui débouchent sur des missions et/ou manigancer pour profiter à tout prix des finances de la Commission.

Chercher à effectuer une mission devenait, en fait, la tâche quotidienne de chaque membre de la Commission non seulement à cause des retombées financières qu'elle procurait mais surtout à cause du fait qu'elle passait pour s'imposer comme l'unique activité qui restait pour cette Commission pendant la transition.

L'autre face cachée des missions à la base de la mauvaise gouvernance au sein de la commission est révélée par Ngoma Binda qui souligne notamment que ''certaines missions de service pour lesquelles de l'argent était débloqué n'avaient jamais été effectuées, et l'argent perçu à cette fin avait pris le chemin des poches individuelles et a servi à autre chose''[85].

Pour se rendre compte des avantages pécuniaires que procuraient les missions, voici un extrait des frais de mission arrêtés par catégorie d'agent et par province d'affectation, pendant trois jours, lors de la campagne de présélection des commissaires[86].

---

[85] P. Ngoma Binda, ***Op. Cit.,*** p. 68.

[86] Tel que l'indique le tableau y afférent, ces données sont issues des annexes de la correspondance n°168/CAB/VP/Commission Vérité et Réconciliation/04 du 20 octobre 2004 relative au projet de vulgarisation et sélection des commissaires, sous le signature de Mr Benjamin Serukiza Nkundabantu, Président ad intérim.

Tableau n° 33 : Extrait du tableau des frais de mission par catégorie d'agent et par province:

Province	Equipe	Trans-port en $ Us	Frais mission en $ Us	Total en $ Us
Province Oriental Maniema Sud Kivu Nord Kivu Katanga	Membre du Bureau Personnel Politique	700 700	600 500	1300 1200
Bandundu Bas-Congo Equateur	Membre du Bureau Personnel Politique Autre Agent	250 250 250	500 400 300	750 650 550
Ville de Kinshasa (St Raphaël et All. Franco de Lemba)	Membre du Bureau Personnel Politique Autre Agent	200 150 100	500 400 300	700 550 400
Kasaï Occidental Kasaï Oriental	Membre du Bureau Personnel Politique Autre Agent	300 300 300	650 500 450	950 800 750

Source : Notre conception.

D'importantes ressources budgétaires de la Commission ont été consacrées aussi aux salaires et aux dépenses de fonctionnement car ceux-ci devaient retomber entre les mains des individus. En effet, loin de nous l'intention de vouloir priver aux membres de la C.V.R. les avantages leur reconnus, il y a quand même lieu de déplorer les salaires touchés indûment par ces derniers. A ce propos, on a constaté à la suite de Ngoma Binda, que nombre des membres de la commission ayant cessé leurs prestations (presque démissionnaires) ont continué à bénéficier de tous leurs avantages (frais de fonctionnement, salaire y compris pour une moyenne de 2300 $US, frais médicaux...), tantôt en venant toucher personnellement sans scrupule, tantôt en se le faisant apporter par des collègues[87].

Le détournement et la corruption ont fait, eux aussi, partie de la mauvaise gouvernance qui a caractérisé la Commission. L'on a déploré essentiellement que le fait que les fonds reçus des donateurs extérieurs ont été gérés loin de toute transparence et qu'ils n'avaient jamais laissé des traces dans la comptabilité de la Commission. C'est alors que les rares institutions internationales qui continuaient à appuyer financièrement la Commission parmi lesquelles le PNUD ont fini par se décider à faire accompagner toute sortie des fonds vers la C.V.R. d'un système de contrôle assuré par son représentant dont la tâche par excellence était de gérer les fonds alloués.

2.4. Ressource Temps

Le temps est aussi cette autre ressource qui a, au préalable, programmé la dérive de la C.V.R. En effet, la loi disposait que la Commission devait s'occuper des délits aux droits de l'homme commis depuis l'indépendance du pays (30 juin 1960) jusqu'à la fin de la dernière guerre (au moment où l'on signe l'Accord Global et Inclusif de Sun City) avec quelques actions pendant la transition comme les médiations des conflits et l'apaisement des esprits...[88] pour tout et en tout, elle ne lui a accordé que la période de transition pour accomplir ce lourd et important mandat.

---

[87] P. Ngoma Binda, ***Op. Cit.,*** pp. 70, 74.

[88] Article 7 de la Loi n°04/018 du 30 juillet 2004 portant organisation, attributions et fonctionnement de la Commission Vérité et Réconciliation in ***Journal Officiel de la République Démocratique du Congo, Op.Cit.,*** p. 6.

Cette période est de deux ans et six mois renouvelables une seule fois. Dans le cas précis, cette période irait jusqu'à trois ans. A ceci, il faut ajouter le retard enregistré dans la publication de sa loi organique pratiquement une année après (le 30 juillet 2004 lorsqu'on sait que les autres institutions ont été lancées le 30 juin 2003).

Il était donc prévisible que cette Commission n'ait jamais terminé sa mission alors qu'elle avait la possibilité de commencer et d'avancer jusqu'au moment où la fin de la transition l'oblige à arrêter. Dans la pratique d'ailleurs, la C.V.R. n'a pas attendu la promulgation de la loi pour commencer ses activités. Il a été démontré par exemple que l'année 2003 fut, pour cette Commission, une année préparatoire et, c'est au cours de ladite année que sa loi organique a été préparée avec quelques missions de renforcement des capacités.

Par conséquent, quelle que soit l'étroitesse de la période de transition y compris le retard pris dans l'apparition de la loi, la C.V.R. ne peut en prétexter pour justifier ses faiblesses et en même temps prétendre à une quelconque reconduction dans la formule actuelle de la transition. La reconduction nécessaire qui s'impose consiste en la création d'une nouvelle Commission véritablement indépendante et autonome chargée de faire la justice transitionnelle.

3. Quelques préalables

L'institution des mécanismes de justice transitionnelle dans un pays post conflit n'est pas toujours une chose facile. La justice transitionnelle pose énormément des défis et des préalables variables selon les contextes. Il est donc difficile, voire impossible, de prétendre aux résultats escomptés sans au préalable en avoir relevé certains défis impératifs dont ceux que révèle l'expérience Congolaise :

3.1. Périodicité de la C.V.R.

L'expérience Congolaise démontre deux aspects importants de cette périodicité : d'une part, il est trop osé de vouloir faire fonctionner une C.V.R. au cours d'une période pendant laquelle le pouvoir d'Etat est détenu (partage des responsabilités) par des ex-belligérants gardant encore leurs bases militaires. D'autre part, compte tenu du volume de la mission dévolue aux C.V.R., il est pratiquement inconcevable de vouloir la réaliser complètement endéans une période de transition politique, généralement assez courte (deux, trois, quatre... ans). La justice transitionnelle doit être différenciée de la période de transition politique.

Par conséquent, l'idéal voudrait que la C.V.R. commence son action après que s'est écoulée la période fragile de transition, c'est-à-dire, après avoir mis en place un nouvel ordre issu de la volonté populaire et de préférence excluant les belligérants car ces derniers sont supposés être les premiers concernés à soumettre au verdict de la justice transitionnelle. Au risque d'être à la fois juge et partie, aucun d'entre eux ne peut se voir accorder un mandat public avec la mission de régler les comptes à ses opposants d'hier en manipulant la justice transitionnelle.

3.2. Mise en place d'un ordre politique issu du peuple

Les rébellions, les guerres civiles et les autres déboires des régimes autocratiques et de terreur à la base des processus de justice transitionnelle dans les Etats procèdent généralement des contestations à l'égard d'un ordre politique ancien en désuétudes mais voulant se maintenir. Pour ramener la paix nationale, il faut donc le réformer au profit d'un ordre nouveau qui répond aux aspirations légitimes du peuple. A cet effet, les élections démocratiques semblent être la voie indiquée mais faut-il encore que les candidats soient présélectionnés par un critérium qui mettrait déjà en veilleuse les ambitieux belligérants très forts et capables de séduire l'électorat par la magie de l'argent, de toute sorte de violence et de bien d'autres intrigues.

3.3. Collaboration avec la justice nationale et internationale

La justice transitionnelle n'est pas un mécanisme de la justice ordinaire. Elle ne peut en aucun cas se fondre dans cette dernière. Cependant, elle est appelée à entretenir une saine et étroite collaboration avec celle-ci aussi bien au niveau national (cours et tribunaux) qu'international (CPI...) car tous les cas qui auront résisté à son action sont transférés, suivant la gravité du crime commis, devant les cours et tribunaux nationaux ou devant la justice internationale.

3.4. Appropriation du processus par le peuple

Une institution chargée de la justice transitionnelle est d'abord et avant tout une institution citoyenne, c'est-à-dire, une institution du peuple. Par conséquent, cette justice n'est possible que dans le respect des réalités historiques, culturelles, économiques, sociopolitiques d'un peuple donné. Pour que le peuple s'y implique, il doit s'approprier l'institution aussi bien dans sa direction que son action. Le peuple doit être consulté avant de mettre en marche une C.V.R. Il doit se choisir les dirigeants en son sein en tant que société civile et non en tant que groupe politique ou groupe d'individus à la solde du politique. Le processus de justice transitionnelle doit être soutenu et demandé par le peuple. Au demeurant, il doit fonctionner avec la complicité du peuple qui en est le détenteur, le bénéficiaire et même le dénonciateur des bourreaux...

3.5. Mise en place des conditions sécuritaires

La justice transitionnelle étant une affaire du peuple qui n'a pour arme que sa parole et ses actions pacifiques en face de ses bourreaux surarmés, il est impérieux que sa sécurité devienne un préalable incontournable. En effet, comment un animateur d'une Commission ad hoc de justice transitionnelle saurait enquêter dans une zone de conflit ? Par quelle magie convoquerait-il un criminel de guerre encore armé pour l'entendre ? Quel est ce citoyen qui tenterait de dénoncer un abus de droit de l'homme alors qu'il est encore sous les bottes de son auteur ? … Autant d'interrogations nécessitant que des conditions minimales de sécurité soient réunies pour s'attendre à un processus de justice transitionnelle réussie.

A cet effet, des mécanismes comme la DDR, le brassage ou l'intégration des unités pour former une armée républicaine sont à prendre au sérieux. Dans ce cas de figure, la démarche doit viser l'épuration des forces armées et des sécurité de tous les éléments tenus pour coupables d'abus des droits de l'homme en même temps que le recrutement de nouveaux éléments devront être encouragé pour donner du sang nouveau à ce corps.

3.6. Garanties extérieures

Ces garanties sont de deux ordres. D'une part, la communauté internationale doit chercher d'abord à garantir les intérêts de la population victime des conflits et bénéficiaire au premier plan de tout processus de justice transitionnelle. Cette Communauté reconnue par les Nations Unies ne doit pas se réduire à la dimension des quelques individus, quelques Etats ou multinationales à la quête des richesses à travers le monde. Autrement, on s'inscrirait dans une logique contraire à celle qui a présidé à la conception de la charte de Sun Francisco adoptée universellement après avoir scruté les limiter d'une défense individuelle des Etats.

Par ailleurs, la plupart des conflits dans les Etats sont tissés de l'extérieur et c'est le cas de celui de la RDC ces dernières années. On ne saura jamais faire la paix et la réconciliation nationale dans ce contexte sans prendre en compte le rôle de ces tireurs des ficelles extérieurs. Avec l'appui de la Communauté Internationale, des dispositions contraignantes doivent être arrêtés préalablement pour le bon fonctionnement de la justice transitionnelle. Si non, celle-ci en périrait comme on peut le constater, à titre illustratif, avec le phénomène Nkundabatware à travers qui le Rwanda agit actuellement au Congo.

On se rappellera que l'Accord de Lusaka pressentant ce danger, l'avait déjà prévenu en décrétant des mesures appropriées aussi bien entre Congolais qu'entre Congolais et pays agresseurs. Jusqu'à présent, la pression n'a été exercée que sur l'aspect interne du conflit au profit de celui externe qui laisse perdurer le conflit.

3.7. Instruments juridiques

Des dispositions sont aussi recommandées sur le plan juridique pour le bon fonctionnement d'une institution. Ces dispositions confèrent à l'institution toute sa personnalité civile pour devenir un sujet de droit autant qu'elles lui assurent toute son autonomie.

Par conséquent, aussitôt qu'une institution est créée, il faut éviter de la mettre en retard de fonctionnement en lui dotant très tardivement de ses outils de travail dont les actes juridiques. Toutefois et en attendant ces outils juridiques, d'autres dispositions transitoires doivent être imaginées pour prévenir les malentendus susceptibles de conduire aux éventuels contentieux. La C.V.R. Congolais en a payé les prix.

C'est ce que tente de démontrer très clairement cette étude qui s'est attelée à scruter les diverses actions posées par la C.V.R. en vue d'en tirer sa contribution à la théorie de la justice transitionnelle en analysant d'abord l'Institution elle-même comme cadre de la justice transitionnelle avant de faire l'état des lieux de ses réalisations. Celles-ci sont évaluables au profit de la théorie pour terminer par une appréciation critique sur une opinion assez populaire qui estime que toute l'action de cette Commission s'est finalement soldée par un échec.

Après analyse, cette partie atteste que la C.V.R., ainsi instituée pour s'occupe de la justice transitionnelle s'est effectivement mise au travail avec non seulement un grand retard mais aussi et surtout avec les maigres moyens juridiques, humains, matériels, financiers à mettre à sa disposition. Près de trois ans durant pour une transition de cinq ans, des actions concrètes furent tout de même posées à cet effet. L'essentiel de ces activités concerne des missions menées aussi bien à l'intérieur qu'à l'extérieur du pays dont celles de médiation et de prévention des conflits, d'éducation à la culture de la paix, de recherche de financement et de renforcement des capacités de ses membres.

Le résultat final réalisé dans l'entre-temps, n'a pas démenti l'opinion de la rue. L'analyse s'accorde d'avis de la majorité, pour reconnaître que la C.V.R. a connu un fiasco. Cet échec, en dépit du fait qu'il était prévisible pour plusieurs raisons parmi lesquelles sa politisation à double niveau : international et national, la problématique des ressources (management des ressources) avec un accent particulier sur la ressource humaine n'a pas permis à cette commission d'atteindre les objectifs lui assignés. Ainsi, pour justifier son mandat, elle s'est attelée à une mission accessoire qui lui paraissait facile à remplir par rapport à ses missions principales de vérité et de réconciliation qui exigeait plus de capacités et des compétences.

Cette étude démontre, par ailleurs, la prééminence et l'opportunité d'une telle institution dans un Etat post-conflit appelé à en finir avec un passé douloureux et à jeter les bases d'un avenir paisible et harmonieux entre les uns et les autres. Pour ce faire, des préalables sont proposés pour la mise sur pied d'un tel Etat dit de droit et démocratique. Toutes ces analyses se résument dans le schéma ci-après qui explique les péripéties, les **limites, les performances et les perspectives qui sont celles de la C.V.R. de la République Démocratique du Congo après trois ans de travail contre cinq de transition politique qu'a connue ce pays en situation dit « post-conflit ».**

Figure n° 08 : Schéma opérationnel de la C.V.R. congolaise : limites, performances et perspectives

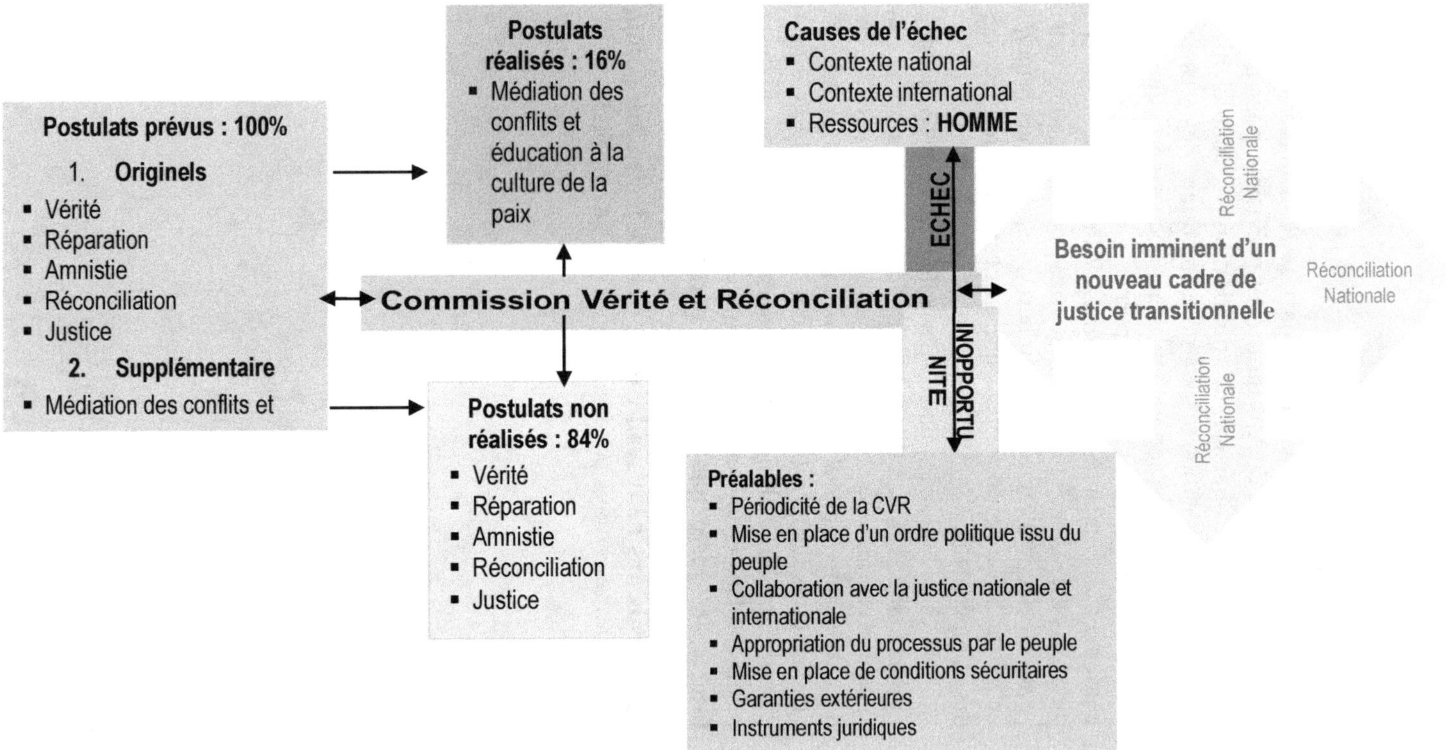

CONCLUSION

Sans prétendre se constituer en une solution idéale dans la quête des stratégies susceptibles de déboucher sur le processus de réconciliation dans les Etats post-conflit, la justice transitionnelle imaginée par le génie mondial du XXème siècle, semble, de plus en plus, se faire entendre et prendre de l'ampleur. A ce jour, une trentaine de ces institutions ont été expérimentées à travers le monde parmi lesquelles on compte la C.V.R. de la R.D. Congo.

Au-delà de leurs caractéristiques communes, ces diverses expériences cumulées ont, chacune à sa manière, contribué à des réalisations des modèles institutionnels typiques mis en œuvre, à la systématisation de cette théorie nouvelle chevauchant entre ce qui devrait être (le droit) et ce qui est (le fait).

Tel est le cas de la C.V.R. instituée pendant la transition en R.D. Congo à l'issue du Dialogue Inter-Congolais, C.V.R. sur laquelle s'arc-boute cette analyse pour laquelle, la préoccupation centrale a consisté à évaluer l'apport de l'expérience de la C.V.R. Congolaise à la construction de la théorie de la justice transitionnelle. Pour ce faire, il a fallu inévitablement partir des réalisations, mais aussi des limites perceptibles de cette juridiction avant de dire si ce fut un succès ou un échec.

Cependant, en amont, notre réflexion a été guidée par une hypothèse fondée sur une opinion très répandue selon laquelle la C.V.R. Congolaise fut un fiasco ; Son action se serait soldée par un échec et donc, sa contribution dans la théorie sur la justice transitionnelle serait nulle. On justifie cet échec par le manque de volonté politique au niveau national, la défaillance des institutions étatiques de la transition, le manque des textes légaux, l'absence des conditions sécuritaires, le manque d'appropriation de la commission par la population, etc.[89].

En effet, même s'il était possible de parler de l'échec de la C.V.R. dans la mesure où son action de plus de trois ans de suite a manqué d'éclat et d'impact visible par rapport à la mission lui assignée, la raison de fond en a été plutôt l'insuffisance et surtout la mauvaise gestion des ressources et plus particulièrement la ressource humaine qui, au bout du compte, impulse les autres. Car, les expériences qui ont porté des signes de réussite comme l'expérience Sud-africaine, ont démontré que le rôle de l'animateur (du leader) a été très déterminant.

Il s'ensuit que l'apport de la C.V.R. congolaise à la théorie de la justice transitionnelle se résume en des précautions à prendre en termes de prévisions en qualité, en quantité et en gestion des ressources d'une part et, en termes de volonté politique aussi bien nationale qu'internationale devant impulser son action, d'autre part.

A la fin de l'analyse, il s'est révélé certainement que le constat d'échec établi pour le compte de la C.V.R. congolaise au regard de la mission lui assignée demeure un fait indéniable, mais tout aussi prévisible, même programmé.

L'analyse a clairement établi que la C.V.R. congolaise a été une Commission minée dès sa création, par les politiciens – rebelles et des acteurs d'une Communauté Internationale conduite d'abord et avant tout par des intérêts, une Commission dépourvue de moyens matériels et financiers pour laquelle il a fallu quémander et même mendier et dont ceux disponibles ont été mal gérés par elle-même, une Commission limitée dans le temps face à l'immensité de la mission à accomplir et à l'inféodation des ressources humaines à leur origine politique, et dont le personnage central était pourvu de tout, sauf de capacités managériales, une Commission qui ne pouvait qu'être d'avance vouée à l'échec.

Craignant, sous divers prétextes, de prendre le risque de toucher à l'essentiel, elle s'est occupée de l'accessoire, c'est-à-dire, des ''missions'' additionnelles pour justifier à la fois son

---

[89] Martien Schotsmans, ***Op. Cit.***, p.227.

existence et la dilapidation des peu de ressources (financières, matérielles, humaines, temporelles) reçues, de finalement réclamer, a corps et à cri, sa reconduction post-transition. Aucune enquête n'a été amorcée pour justifier sa volonté de rechercher la vérité, aucune audience entamée pour sous-tendre la justice et la réparation des dommages et éventuellement passer aux amnisties qualifiées pour ainsi se soustraire de la consécration de l'impunité reprochée aux C.V.R. en général. Dans ce contexte, aucune cérémonie et aucun rite de réconciliation n'ont pu être organisés.

Tout le monde le dit, tout le monde le sait, à tort ou à raison, la C.V.R. congolaise a été une institution tout simplement budgétivore, c'est-à-dire, une institution de trop pendant la transition. Pourtant, la noblesse de sa mission demeure et persiste. Son institution après la transition est donc le vœu de tous ; mais l'idée de sa reconduction, c'est-à-dire, son institution dans sa formule de transition, doit être écartée parce qu'elle a déçu toutes les attentes. Car, une C.V.R. réussie aurait épargné la République de la béance laissée par la prise en otage de la justice transitionnelle qui, du reste, nous rattrape avec des faits concrets comme les arrestations répétées et en perspective des certains Congolais à la CPI alors que d'autres courent en liberté au pays et que les déboires des programmes sans issue parmi lesquels figure le projet « Amani », sans compter la résurgences des rebellions qui ne font que changer de dénomination selon le besoin et les circonstances.

Cependant, le rétablissement de la C.V.R. en RDC, le cas échéant, requiert des préalables sous-tendus par la double volonté politique et l'autonomie des ressources en termes de gestion, en quantité et en qualité avec un accent très particulier placé sur la ressource humaine.

Ces préalables dont certains sont, d'emblée connus en ce qui concerne la C.V.R. congolaise, conditionnent l'atterrissage en douceur d'un processus de justice transitionnelle, garantie par une autonomie effective et tenant compte des spécificités des Etats mis en cause. Un tel processus ne peut être limité ni par les aléas politiques et sécuritaires, ni par la précarité des ressources en qualité comme en quantité, ni par les temps, car son objectif (la vérité et la réconciliation nationale) et sa motivation (l'inhérence du conflit) s'imposent à tous au sein de la société. Cela étant, la problématique finale que suscite cette étude porte sur les possibilités d'envisager son institutionnalisation en RDC mais aussi dans les Etats, essentiellement post-conflit, d'un cadre permanent de justice transitionnelle au même titre que le Gouvernement, le Parlement, les cours et tribunaux.

BIBLIOGRAPHIE

I. Ouvrages

1. ALBERTINI P., ***La crise du politique. Les chemins d'un renouveau***, éd. L'Harmattan, Paris – Montréal, 1997.
2. ANGO Ela Jacques, S/D, ***La prévention des conflits en Afrique centrale. Prospective pour une culture de la paix,*** éd. Karthala, Paris, 2001.
3. Anonyme, ***La réconciliation après un conflit violent***, Publications de International IDEA (International Institute for Democracy and International Assistance), Stockholm - Suède, 2004
4. Antonio P et alii., ***Influences Sociales. La théorie de l'élaboration du conflit.***, Delachau et Nustlé, Paris, 1993.
5. ARON Raymond, ***Paix et guerre entre les Nations,*** éd. Calmann-Lévy, France, 2001.
6. BAH Thierno et alii., ***Fondements endogènes d'une culture de la paix en Afrique. Mécanismes traditionnels de prévention des conflits***, Unesco, Paris, 1999
7. BOULANGER B., ***La recherche en sciences sociales***, Ed. COP, Paris, 1970
8. BOUTHOUL G., ***Essais de polémologie***, Ed. Denoël-Gonthier, Paris, 1976.
9. BOUTHOUL G., ***La paix***, PUF, Paris, 1974
10. BOUTHOUL G., ***Avoir la paix***, Ed. Grasser, Paris, 1967
11. CASSIN B., CAYLA O. & SALAZAR P.-J., S/D, ***Vérité, réconciliation, réparation,*** éd. du Seuil, Paris, 2004.

12. CASSIN B., DERRIDA J., RICŒUR P., TRUCHE P., ***Vérité, réconciliation, réparation,*** Ouvrage collectif, Éditions Seuil, Collection Genre Humain, N°43, Novembre 2004.

13. CROZIER M. et FRIEDBERG E., ***l'acteur et le système,*** Ed. du Seuil, Paris, 1977.

14. DAVID C. – P., ***La guerre et la paix. Approches contemporaines de la sécurité et de la stratégie.***, éd. Presses de la Fondation nationale des sciences politiques, 2000.

15. DUPONT C., ***La négociation. Conduite, théories et applications,*** 4ème éditions, Dalloz, Paris, 1994.

16. ETIENNE J. ***Dictionnaire de sociologie,*** 2ème Ed. Hatier, Paris, 1997

17. FISHER R., KOPELMAN E. et KUPFER A. S., ***Sur les traces de Machiavel. Comment gérer les conflits***. Ed. Nouveaux Horizons, Paris, 1994.

18. FREUND J., ***Sociologie du conflit***, PUF, Paris, 1983.

19. GRAWITZ M., ***Méthodes des sciences sociales***, 11ème édition, Dalloz, Paris, 2001.

20. KROG A., ***La douleur des mots,*** Actes Sud, Arles, RSA, 2004.

21. LOBHO LWA DJUGUDJUGU J.P., ***Le Congo à l'épreuve de la démocratie. Essai d'histoire politique,*** P.U.K., Kinshasa, 2006.

22. LORENZ K., ***L'agression,*** Ed. Flammarion, Paris, 1963.

23. MUCCHEILLI (S/D), ***Dictionnaire des méthodes qualitatives en sciences humaines et sociales***, éd. Armand Collin, Paris, 1996.

24. NGOMA B. P., ***Justice transitionnelle en RD Congo***, L'Harmattan, Paris, 2008.

25. NIERENBERG G., ***Tout négocier pour réussir***, éd. Nouveaux Horizons, Paris, 1986.
26. POUJOL J. et C., ***Les conflits. Origines, évolutions, dépassements*** ; Editions Empreinte, Collection Psychologie, 1989.
27. QUIVY R. et CAMPENHOUDT L-V, ***Manuel de recherche en sciences sociales***, 3ème éd., Dunod, Paris, 2006.
28. OMASOMBO T. ***Le Zaïre à l'épreuve de l'histoire immédiate, hommage à Benoît Verarghen,*** Karthala, Paris, 1993.
29. Rousseau P., ***Comprendre et gérer les conflits dans les entreprises et organisations***, éd. Chronique Sociales, Cedex, Collection Synthèse, Lyon, 1998.
30. SCHOTSMANS M., "La justice transitionnelle pendant la période de la transition politique en R.D. Congo", in ***Afrique des Grands Lacs,*** S/D S. Marysse, F. Reyntjens et S. Vandeginste, Ed. L'Harmattan, Paris, 2006-2007.
31. TUTU D., S/D, ***Amnistier l'apartheid,*** Ed. du Seuil, Paris, 2004.
32. TUTU D., ***Il n'y a pas d'avenir sans pardon. Comment se réconcilier après l'apartheid***, éd. Albin-Michel, Paris, 2000.
33. URY W., ***Comment négocier avec les gens difficiles. De l'affrontement à la coopération,*** Nouveaux Horizons, Seuil, Paris, 1993.
34. VERARGHEN B., ***Introduction à l'histoire immédiate***, éd. Duculot, Paris, 1974, 250 p.
35. WILLAME J-C, ***L'Accord de Lusaka. Chronique d'une négociation internationale***. L'Harmattan, Paris, 2002.
36. ZIEGLER J., ***Les nouveaux maîtres du monde et ceux qui leur résistent,*** éd. Fayard, Paris, 2003.

II. Revues

1. MEFFRE A., ''La justice transitionnelle à l'épreuve de Sierra Léone Analyse critique'', in ***Publications du Centre d'études internationales et mondialisation*** (Commission Electorale Indépendante), 31 mars 2005.
2. BELLA N. et Cie, ''justice transitionnelle et réconciliation au Burundi'' in ***www.abarundi .org/conflit abarundi,*** septembre 2004.
3. BIYOYA M. P., « Expériences africaines du recours à la C.V.R. Leçon à tirer pour la R.D. Congo » in ***Actes du Séminaire interinstitutionnels*** organisé à Kinshasa (R.D. Congo) du 26 au 28 avril 2004
4. CANS C., « Une trentaine de précédents », in ***Alternatives citoyennes***, Numéro 14 - 31 janvier 2005
5. EDWY P., « "Ubuntu", ce mot d'humanité », l'éditorial du quotidien ***Le Monde***, 30 décembre 2004.
6. ***Journal Officiel de la R.D. Congo,*** numéro spécial, Kinshasa, 1er août 2004
7. ***Le monde diplomatique*** de janvier 2005
8. NSAMAN 0-L. et MWAMBA M., « La théorie de conflit et son application en R.D. Congo. Une vision managériale de cohabitation pacifique entre ethnies et communauté Tutsi au sud-Kivu », in ***Mouvements et Enjeux Sociaux***, n°24, Kinshasa, janvier - février 2005,
9. NSAMAN 0-L. et MWAMBA M.,, "Pour la promotion de la culture managériale dans l'univers politique Congolais" in ***Mouvements et Enjeux Sociaux***, n° 28, Septembre 2005.
10. PAVON B., ''Combattre l'impunité. La justice transitionnelle après des exécutions massives'' in ***www.un.org/frenc/pubs/choniques 2004***

11. SAMARBAKHSH-LIBERGE L., « Justice et réconciliation ; ambiguïtés et impensés ». in ***Politique africaine***, Paris, Karthala, n° 92, décembre 2003, 206 p., et in ***Cahiers d'études africaines,*** n° 173-174, 2004.
12. TUTU D., ***Chronique ONU***, numéro 4, 1996
13. WAKENGE R. et BOSSAERTS G., ***La C.V.R. en R.D. Congo. Le travail n'a guère commencé***, SNV Kivu, 23 Août 2006.

III. Rapports

1. C.V.R., ***Rapport des activités de la C.V.R. congolaise***, Exercices 2003 – 2004 – 2005, Janvier 2006, p. 18.
2. C.V.R., ***Rapport de l'Atelier*** sur le Règlement Intérieur de la C.V.R. congolaise, du 29 novembre 2004 dressé par son organisateur le Prof. Nsaman, alors Conseiller Politique, spécialement en son point 2 de la page 5.
3. C.V.R., ***Rapport de mission officiel à Minembwe*** par la C.V.R. congolaise sur la gestion de la cohabitation pacifique et durable entre ethnies et communautés du Sud Kivu
4. C.V.R., ***Rapport de mission officielle de la C.V.R. congolaise au Sud Kivu et Nord*** Katanga concernant la gestion de la cohabitation pacifique entre ethnies et communauté du 12 au 31 juillet 2004.
5. C.V.R., ***Rapport narratif de la mission officielle*** de la C.V.R. congolaise ***au Kasaï oriental*** : consolation et exhortation à la paix, des fils et filles du Kasaï oriental en général et de la ville de Mbuji-Mayi en particulier, mission effectuée du dimanche 29 mai au jeudi 02 juin 2005.

6. C.V.R., ***Rapport sur l'Atelier national*** de la C.V.R. congolaise, tenu au stade des martyrs, 2005.
7. Quinzième ***Rapport*** du Secrétaire général de la MONUC distribué le 25 mars 2004.

IV. Documents officiels

1. Accord de Lusaka de 1999
2. Accord Global et Inclusif du 17 décembre 2002
3. Constitution de la transition du 05 avril 2003
4. Loi n°04/018 du 30 juillet 2004 portant attributions et fonctionnement de la C.V.R..
5. Règlement Intérieur de la C.V.R.. Adopté à Kinshasa, le 19 mars 2005

V. Sites WEB

1. www.C.V.R._rdc.org
2. http://www.culture-et-debats.over-blog.com/article-285413.html,
3. www.alternatives-citoyennes.sgdg.org
4. http://www.lipietz.net/?page=mois&date=2007/12
5. Htt://www.fr.wikepedia.ong/wiki/Gacaca
6. http://www.etudesafricaines.revues.org/document4705.html
7. **http://www.twnside.org.sg/ et http://www.twnafrica.org.**
8. Microsoft ® Encarta ® 2007. © 1993-2006 Microsoft Corporation. Tous droits réservés.

TABLE DES MATIÈRES

République démocratique du Congo
aux éditions L'Harmattan

Dernières parutions

LES BALUBA
Histoire, cosmologie et sémiologie d'un peuple bantu
Lwa Malale Lukanda ; Préface de Banza Mukalay Nsungu ; Avant-texte de Manda Tchebwa ; Postscriptum de Joseph Ibongo
Avec force images et autres illustrations, cet ouvrage présente les «traits marquants» du peuple «muluba» : son identité ethnique, son histoire, sa cosmologie, sa sémiologie et ses créations culturelles majeures. Les «Baluba», dont l'auteur révèle l'existence au-delà du deuxième millénaire avant Jésus-Christ, forment un peuple à la fois un, dans l'unité géographique et démographique, et multiple, dans la diversité des nations qui se revendiquent de sa descendance et de sa parenté culturelle : de l'Afrique centrale à l'Afrique du Sud, de l'Océan atlantique à l'Océan indien.
(Coédition CICIBA, Harmattan RDC, 26.00 euros, 232 p.)
ISBN : 978-2-343-06036-1, ISBN EBOOK : 978-2-336-38163-3

L'UNIVERSITÉ DE KINSHASA EN QUÊTE DE REPÈRES
Mawanzi Manzenza Thomas
Cet ouvrage aborde la question de la crise du renouvellement du personnel académique au sein de l'université de Kinshasa, une institution qui a connu, au cours de son évolution, à la fois le phénomène colonial, l'africanisation de ses structures et les enjeux de la mondialisation. Cette étude nous montre comment l'université s'est laissé gouverner par des pratiques de racisme et de discrimination pour le contrôle du monopole de l'autorité scientifique.
(Coll. Études africaines, 29.00 euros, 288 p.)
ISBN : 978-2-343-05092-8, ISBN EBOOK : 978-2-336-38084-1

GUERRE ET VIOL
Deux faces de fléaux traumatiques en République Démocratique du Congo
Otita Likongo Marcel
Cet ouvrage présente le contexte de survenue du traumatisme psychique, le concept de stress post-traumatique, les développements psycho-traumatiques et leurs modalités expressives. Une série d'événements traumatiques, où la population victime est toujours abandonnée par manque des structures étatiques d'encadrement et non-reconnaissance du poste de psychologue en RDC, y sont répertoriés : guerres, violences sexuelles, accidents de circulation, crash d'avion, naufrage, etc.
(Coll. Études africaines, 21.00 euros, 216 p.)
ISBN : 978-2-343-06270-9, ISBN EBOOK : 978-2-336-38098-8

RD CONGO, LE 30 JUIN 2005
Ça passe ou ça casse ?
Retour sur un épisode crucial de l'histoire congolaise
Mukalay Nsungu Banza - Préface de Camille Sesep N'Sial
«Ce texte a été publié pour la 1ère fois en juin 2005, dans un contexte de grande tension sociale et politique en RDC. Une tension liée à l'interprétation de l'article 196 de la «Constitution de la transition», portant sur la date du 30 juin 2005, censée mettre fin à la période de la «transition politique». Au moment où nous rééditons ce texte, pour la richesse de sa teneur historique, le contexte politique congolais est une fois de plus dominé par le débat constitutionnel, avec en perspective les nébulosités de l'horizon 2016...» Eddie Tambwe Kitenge
(Coll. Comptes Rendus, 14.00 euros, 129 p.)
ISBN : 978-2-343-06354-6, ISBN EBOOK : 978-2-336-37971-5

DROIT CONGOLAIS DU TRAVAIL
Masanga Phoba Mvioki Jacqueline
Préface de Célestin Nguya-Ndila Malengana
Ce manuel expose l'état de la législation et de la réglementation, de la doctrine et de la jurisprudence en matière du travail en RDC. Le regard porte sur les rapports individuels (la conclusion, l'exécution, la cessation du contrat de travail, le règlement des litiges individuels de travail) et sur les rapports collectifs (les organisations professionnelles des travailleurs et d'employeurs, les conventions collectives, le règlement des litiges collectifs de travail).
(Harmattan RDC, 31.00 euros, 302 p.)
ISBN : 978-2-343-06372-0, ISBN EBOOK : 978-2-336-38099-5

JULIEN KILANGA MUSINDE
Une parole en itinérance
Réflexions et témoignages sur un parcours intellectuel
Textes réunis par Jean-Marie Dikanga Kazadi et Emmanuel M. Banywesize
Les textes réunis dans ce collectif tentent d'objectiver l'œuvre diversifiée de Julien Kilanga Musinde. Venus des quatre coins du monde, des intellectuels et des chercheurs de divers horizons rendent hommage à cet amabassadeur de l'université et des lettres congolaises en francophonie. Par son écriture, Julien Kilanga Musinde n'a, en effet, cessé de se raconter, d'accompagner l'Université dans sa marche et de contribuer ainsi à l'humanité du monde.
(Harmattan RDC, 26.00 euros, 252 p.)
ISBN : 978-2-343-06458-1, ISBN EBOOK : 978-2-336-38153-4

CONJONCTURES CONGOLAISES 2014
Politiques, territoires et ressources naturelles : changements et continuités
Sous la direction de Stefaan Marysse et Jean Omasombo Tshonda
La toile de fond de ce volume est la question de la profondeur ou de la superficialité du changement qui se manifeste en RDC depuis plus d'une décennie. Certaines ruptures avec le passé sont manifestes mais l'enracinement profond des comportements clientélistes dans le domaine politique est de nature à fragiliser les avancées. C'est surtout dans le champ économique que les changements

sont réels. Mais cet essor économique est-il durable et signifie-t-il une rupture permanente avec le passé ?
(Coll. Cahiers Africains, 32.50 euros, 316 p.)
ISBN : 978-2-343-05981-5, ISBN EBOOK : 978-2-336-37469-7

POUR UNE RDC NOUVELLE
De l'horreur à l'aurore
Mazola Ayinepa Joseph
Plus de six millions de morts tombés dans une guerre d'invasion et de prédation en RDC. Faut-il vraiment répandre sans merci le sang des Congolais, pour exploiter leurs nombreuses ressources minières ? Doit-on continuer à rester insensibles, à multiplier discours et négociations, alors que l'ennemi gagne du terrain ? Où est allée l'élite congolaise ? Inquiet de la situation exécrable que vit le peuple, l'auteur milite pour une évolution positive de la RDC.
(Coll. Politique et dynamiques religieuses en Afrique, 24.00 euros, 242 p.)
ISBN : 978-2-343-05219-9, ISBN EBOOK : 978-2-336-36595-4

RAPPORT SUR LA THÉMATIQUE POLITIQUE
Ateliers du cinquantenaire du Parti lumumbiste unifié (PALU)
Au-delà de la forme, qui permet de dire que la RDC est un État souverain et une République, le PALU (Parti lumumbiste unifié) veut aller au fond des choses, en réfléchissant sur les attributs de la souveraineté de l'État que sont notamment la défense, la diplomatie et la monnaie. En outre, il y a lieu d'apprécier les régimes politiques connus en RDC, au regard des critères fondateurs d'une République : - la source de légitimité des pouvoirs constituants - le mode d'accès des dirigeants au pouvoir - l'équilibre des pouvoirs entre les différentes institutions.
(Coll. Dossiers, Études et Documents, 10.00 euros, 58 p.)
ISBN : 978-2-343-06195-5, ISBN EBOOK : 978-2-336-37539-7

LA SORCELLERIE CHEZ LES DING DE LA RDC
Nkumisongo Vavi Fabiyo François-Xavier
La sorcellerie constitue une force surhumaine, une croyance et une pratique ambiguë, notamment chez les Ding de RDC. L'accent a été mis sur le rôle, le pouvoir et la position du sorcier ainsi que sur les voies d'accès et celle de sa transmission. D'autres phénomènes sont analysés tels que l'incarnation, la réincarnation, l'antisorcellerie, la science et la recherche scientifique. Sans oublier le génie créatif ou inventif propres à chaque peuple. Également liée à la religion, elle est à ce titre l'opium du peuple Ding. Elle bloque par l'envoûtement, il faut chercher à la débloquer par des mécanismes d'antisorcellerie.
(Coll. Géopolitique mondiale, 12.00 euros, 106 p.)
ISBN : 978-2-343-04505-4, ISBN EBOOK : 978-2-336-37078-1

CONVICTIONS ET ESPÉRANCES POUR LA RÉPUBLIQUE DÉMOCRATIQUE DU CONGO
Verbatim (2008-2014)
Mukalay Nsungu Banza - Préface de Manda Tchebwa
Ce livre restitue la vision de l'homme politique pour son pays au travers des «écrits et des dits». Le lecteur découvre les idées-forces du politique qui accompagne

le développement d'un secteur socioculturel de la RD Congo. Banza Mukalay Nsungu a été élu quatre fois député de Lubumbashi et ministre dans plusieurs gouvernements. Il est depuis 2012 ministre de la Culture et des Arts de la RD Congo.
(Coll. Comptes Rendus, 21.00 euros, 210 p.)
ISBN : 978-2-343-05743-9, ISBN EBOOK : 978-2-336-37101-6

MA VÉRITÉ SUR LE MARÉCHAL MOBUTU ET SUR LA TRANSITION DÉMOCRATIQUE AU ZAÏRE (1990-1997)
Mukalay Nsungu Banza - Préface de Camille Sesep N'sial
La «transition démocratique» en République démocratique du Congo aura été l'une des plus troubles, complexes et longues de tout le continent africain (1990-2006). Acteur et témoin privilégié de l'histoire politique de ces dernières décennies, l'auteur pose un regard critique sur ces années de tumulte, en interpellant la responsabilité de l'acteur politique congolais. En évoquant ses rapports privilégiés avec le maréchal Mobutu, qui lui confiera la direction de son parti, l'auteur pose aussi son jugement global sur le déroulement de la transition.
(Coll. Comptes Rendus, 16.50 euros, 162 p.)
ISBN : 978-2-343-05741-5, ISBN EBOOK : 978-2-336-37097-2

LES MOTS RÉCURRENTS DE LA TRANSITION POLITIQUE AU ZAÏRE (1990-1997)
Mukalay Nsungu Banza
Rompant avec la tradition qui confine l'étude du vocabulaire et du discours politique dans les sphères des chercheurs spécialisés, l'auteur s'intéresse ici aux mots récurrents de la période politique de la Transition (1990-1997) au Zaïre (actuelle RDC). Une période politique qui va du discours historique de la démocratisation, prononcé par le président Mobutu le 24 avril 1990, à l'avènement du président Laurent-Désiré Kabila, le 17 mai 1997. L'ouvrage constitue également une contribution à l'étude du français d'Afrique subsaharienne et spécialement de la RDC.
(Coll. Comptes Rendus, 9.00 euros, 56 p.)
ISBN : 978-2-343-05742-2, ISBN EBOOK : 978-2-336-37092-7

L'U.D.P.S. DANS L'ŒIL DU CYCLONE
La violence politique au Zaïre sous Mobutu (octobre 1985)
Mutamba Makombo Jean-Marie
Cet ouvrage relate la traque et la répression d'un mouvement d'opposition clandestin au Zaïre (R.D. Congo) sous la Deuxième République : l'Union pour la Démocratie et le Progrès Social (UDPS). L'auteur s'appuie sur les rapports d'information établis en octobre 1985 par le Corps des Activistes pour la Défense de la Révolution (CADER), qui témoignent des tribulations du petit peuple qui a souffert pour le triomphe du multipartisme et de la démocratie. Ils révèlent aussi les luttes d'influences, la lutte d'intérêts et de clans au sein du Parti unique.
(12.00 euros, 104 p.)
ISBN : 978-2-343-05729-3, ISBN EBOOK : 978-2-336-37252-5

L'HARMATTAN ITALIA
Via Degli Artisti 15; 10124 Torino
harmattan.italia@gmail.com

L'HARMATTAN HONGRIE
Könyvesbolt ; Kossuth L. u. 14-16
1053 Budapest

L'HARMATTAN KINSHASA
185, avenue Nyangwe
Commune de Lingwala
Kinshasa, R.D. Congo
(00243) 998697603 ou (00243) 999229662

L'HARMATTAN CONGO
67, av. E. P. Lumumba
Bât. – Congo Pharmacie (Bib. Nat.)
BP2874 Brazzaville
harmattan.congo@yahoo.fr

L'HARMATTAN GUINÉE
Almamya Rue KA 028, en face
du restaurant Le Cèdre
OKB agency BP 3470 Conakry
(00224) 657 20 85 08 / 664 28 91 96
harmattanguinee@yahoo.fr

L'HARMATTAN MALI
Rue 73, Porte 536, Niamakoro,
Cité Unicef, Bamako
Tél. 00 (223) 20205724 / +(223) 76378082
poudiougopaul@yahoo.fr
pp.harmattan@gmail.com

L'HARMATTAN CAMEROUN
BP 11486
Face à la SNI, immeuble Don Bosco
Yaoundé
(00237) 99 76 61 66
harmattancam@yahoo.fr

L'HARMATTAN CÔTE D'IVOIRE
Résidence Karl / cité des arts
Abidjan-Cocody 03 BP 1588 Abidjan 03
(00225) 05 77 87 31
etien_nda@yahoo.fr

L'HARMATTAN BURKINA
Penou Achille Some
Ouagadougou
(+226) 70 26 88 27

L'HARMATTAN SÉNÉGAL
10 VDN en face Mermoz, après le pont de Fann
BP 45034 Dakar Fann
33 825 98 58 / 33 860 9858
senharmattan@gmail.com / senlibraire@gmail.com
www.harmattansenegal.com

L'HARMATTAN BÉNIN
ISOR-BENIN
01 BP 359 COTONOU-RP
Quartier Gbèdjromèdé,
Rue Agbélenco, Lot 1247 I
Tél : 00 229 21 32 53 79
christian_dablaka123@yahoo.fr

Achevé d'imprimer par Corlet Numérique - 14110 Condé-sur-Noireau
N° d'Imprimeur : 130427 - Dépôt légal : juillet 2016 - *Imprimé en France*

www.ingramcontent.com/pod-product-compliance
Lightning Source LLC
LaVergne TN
LVHW021219061026
849535LV00008B/2811
* 9 7 8 2 3 4 3 0 9 4 7 8 6 *